Micheline Dumont
avril 2006 –
Lu _avant_ de l'acheter

Le paradoxe de l'écrivain

le savoir et l'écriture

Données de catalogage avant publication (Canada)

Vaillancourt, Claude

    Le paradoxe de l'écrivain : le savoir et l'écriture
    ISBN 2-89031-483-9

    1. Création littéraire.   2. Sémantique.   I. Titre.

PN56.C69V34 2003   801'.92   C2003-940936-8

Nous remercions le Conseil des Arts du Canada ainsi que la Société de développement des entreprises culturelles du Québec de l'aide apportée à notre programme de publication.
Nous reconnaissons également l'aide financière du gouvernement du Canada par l'entremise du Programme d'aide au développement de l'industrie de l'édition (PADIÉ) pour nos activités d'édition.
Gouvernement du Québec – Programme de crédit d'impôt pour l'édition de livres – Gestion SODEC

Mise en pages : Sophie Jaillot
Maquette de la couverture : Raymond Martin
Illustration de la couverture : Diego Rivera, Projet pour la peinture murale *Histoire du théâtre au Mexique*, 1953 (détail)

Distribution :

Canada	Europe francophone
Dimedia	Librairie du Québec / D.E.Q.
539, boul. Lebeau	30, rue Gay Lussac
Saint-Laurent (Québec)	75005 Paris
H4N 1S2	France
Tél. : (514) 336-3941	Tél. : (1) 43 54 49 02
Téléc. : (514) 331-3916	Téléc. : (1) 43 54 39 15
general@dimedia.qc.ca	liquebec@noos.fr

Dépôt légal : B.N.Q. et B.N.C., 3ᵉ trimestre 2003
Imprimé au Canada

Claude Vaillancourt

Le paradoxe de l'écrivain

le savoir et l'écriture

Triptyque

Présentation

Intuition et connaissance

C'est en osant écrire des ouvrages de fiction que j'ai été saisi de l'importance de quelques questions toutes simples : qu'est-ce que doit savoir un écrivain ? que peut-il savoir ? quelle est l'ampleur de son ignorance ? à quel point est-il nécessaire de connaître avant d'écrire ? jusqu'où doit-il poursuivre ses recherches sur un sujet qui l'intéresse ? dans quelle mesure est-il compétent lorsqu'il aborde des sujets loin de sa réalité ? Je les ai laissées sommeiller longtemps, ces questions, occupé que j'étais à inventer des histoires qui prenaient beaucoup de mon temps et aux-quelles je consacrais beaucoup d'énergie. Mais elles reve-naient en force chaque fois que je me trouvais tenté de développer un nouveau sujet.

L'écrivain qui parle surtout de lui-même n'a pas né-cessairement à se poser ce genre de questions. Il n'a qu'à puiser sa matière à l'intérieur de lui-même, à la suite d'exa-mens de conscience, d'exercices d'introspection parfois exigeants, mais qui ne requièrent aucune étude particulière, aucune exploration d'un matériel écrit ou conçu par quelqu'un d'autre. Il présente ses personnages selon son point de vue unique, forcément très subjectif, au gré de ses observations et des déductions qu'il en tire. Plusieurs auteurs préfèrent cependant créer un univers qui n'est pas nécessairement relié à leur existence immédiate et prennent le parti de l'imaginaire, tout en ancrant cet imaginaire dans un contexte social, historique, parfois même scientifique auquel ils font référence avec une grande précision. Parler des autres en adoptant un point de vue qui n'est pas immédiatement le nôtre, inventer des personnages, c'est déjà s'engager à apprendre, à entreprendre des recherches, afin de donner de la crédibilité à ce qu'on raconte. Sans être la plus valable, cette démarche demeure à mon avis la plus exigeante. L'écrivain se trouve lié à ce que les autres lui envoient, à des sources d'information qui peuvent, sans qu'il le sache, l'induire en erreur, aux mensonges qu'on lui raconte, aux limites des recherches qu'il entreprend. Plutôt que de laisser entendre que ce qu'il écrit demeure relatif à des spéculations ou des interprétations, comme dans le cas de l'écrivain qui s'adopte comme modèle, il prend le risque de se tromper, d'ignorer des aspects de son sujet, d'induire en erreur son lecteur.

Ma réflexion s'est poursuivie plus intensément lorsque, dans mes écrits, j'ai moi aussi voulu développer des personnages très différents de moi. Tout s'était bien passé jusqu'alors, quand il s'agissait de dépeindre un enfant ou un jeune homme d'une classe relativement équivalente à la mienne, dont les expériences s'alimentaient des miennes, avec toutes les transpositions que je pouvais inventer pour brouiller les pistes. Mais comment procéder lorsqu'on veut dépeindre, par exemple, un castrat, une spécialiste d'histoire de l'art, une adolescente qui s'interroge sur sa séduction, un soldat participant au débarquement de Normandie, un athlète, un pharmacien, un junkie, un homosexuel efféminé ou une série d'hommes d'affaires, alors qu'on n'est strictement rien de tout cela ? Dans quelle limite peut-on dire la vérité ? Dans quelle limite est-on un imposteur ? Dans quelle mesure parvient-on à entraîner le lecteur derrière soi, à lui faire croire à de pareilles inventions ? Comment procéder pour rendre les personnages crédibles : par des entrevues à n'en plus finir auprès de types qui deviendraient des modèles ? en entreprenant une recherche dans des ouvrages généraux et des livres spécialisés ? en s'appuyant sur des observations multiples ? en se fiant à une pure intuition ? Un pareil questionnement ne peut que paralyser. Je l'ai repoussé, mais il n'a cessé de me hanter.

Il va de soi qu'on ne connaît des autres que ce qu'ils veulent bien nous dire, ou ce qui leur échappe, bien souvent inconsciemment. L'écrivain construit ses personnages dans les limites étroites de ce qu'il peut connaître et imaginer, à la fois à partir de ce qu'il apprend par ses recherches et observations, et d'après ce que lui livre cette force intérieure mystérieuse que l'on nomme intuition. Je ne saurais décrire comment intervient l'intuition dans le travail de l'écrivain ; à la fois pulsion, instinct, projection de soi-même, pure inspiration, elle relève de ce qu'on nomme pompeusement le « mystère de la création », expression qui reste pourtant appropriée, tant il est en effet difficile d'expliquer rationnellement comment cette intuition agit.

Il en est tout autrement du savoir, qui lie l'écrivain à un travail bien concret, celui de lire, d'explorer les bibliothèques, les centres de recherche, la toile Internet, afin d'aller puiser des données précises et utilisables. Ce travail, il est possible de l'observer, de réfléchir à son sujet, de voir comment il a été exécuté par les auteurs que l'on apprécie. Il ne relève pas du mystère, mais d'une activité concrète, à laquelle les auteurs accordent plus ou moins d'importance, et sur laquelle ils ne craignent pas de s'exprimer. Il fait partie du quotidien même des romanciers, poètes ou dramaturges, qui se nourrissent de livres pour produire de nouveaux livres, dans une démarche cohérente et reconnue. Plongeant dans le savoir, l'écrivain s'adonne à un exigeant exercice intellectuel, qui soulève parfois l'admiration et vient appuyer sa réputation d'intelligence. Si bien qu'il demeure peut-être l'artiste que l'on confond le plus souvent, à tort ou à raison, avec le sage, le philosophe ou le savant.

Dans l'essai qui suit, j'ai l'intention de livrer en vrac, en toute spontanéité, à la manière d'un écrivain qui s'interroge sur le monde – plutôt que selon les méthodes du spécialiste –, ce qui m'est passé par l'esprit depuis que j'ai pris le risque d'inventer des personnages différents de moi. J'ai voulu circonscrire mon entreprise dans les limites de mes impressions fugaces, mais surtout dans les limites de ce que certains écrivains ont écrit sur le savoir, propos sages ou erronés, recueillis par l'inéluctable hasard des lectures, de ce que m'ont appris les auteurs que j'aime, ceux dont j'éprouve un plaisir constant à relire les œuvres et qui ont su marquer de façon particulière mon imaginaire de lecteur.

La Pologne des écrivains

À la fin de son best-seller *Pologne*[1], James A. Michener décrit brièvement la genèse du roman, dans une section intitulée « Remerciements ». Il nous apprend qu'il est allé en Pologne huit fois, qu'il a visité toutes les régions du pays. Il a eu à sa disposition un hélicoptère pendant presque une semaine, il a passé ses vacances dans le palais de Lancut, qu'on imagine somptueux et élégant. Il a bénéficié d'entretiens privés avec de hauts prélats du clergé, afin qu'ils l'aident à comprendre le fonctionnement de l'Église dans un pays communiste. Il a demandé à une douzaine d'intellectuels polonais d'écrire, pour lui exclusivement, sur un sujet de son choix – il a bien sûr pris soin de rémunérer ces auteurs. Comme il ne comprenait pas le polonais, il a eu recours à des spécialistes afin qu'ils traduisent ces articles ainsi que les documents très nombreux qu'il avait amassés. Ce n'est qu'après avoir accompli tout cela – et après qu'il eut visité une dernière fois chacun des lieux de son histoire – qu'il s'est enfin « senti capable » d'écrire son gigantesque roman.

La démarche de James A. Michener impressionne. On ne peut qu'admirer son professionnalisme, sa méticulosité, son souci de vérité, son désir de ne pas trahir l'Histoire, de maîtriser à la perfection un sujet qui lui était de prime abord étranger. Ses admirateurs savent qu'il a appliqué cette méthode à la majorité de ses œuvres, que ses livres se distinguent par des récits bien fignolés, comme dans tout bon best-seller américain, des récits qui rendent avec une grande justesse le contexte socio-historique dans lequel évoluent ses personnages.

Pourtant, la « méthode » de Michener laisse songeur. On peut d'abord s'interroger sur les coûts de son entreprise : il serait aisé d'imaginer l'investissement que demande un tel ouvrage, ne serait-ce que pour payer l'hélicoptère, les nombreux voyages en Pologne et, surtout, le recours à des spécialistes de prestige. Pour Michener, devenu richissime grâce à ses livres – et qui s'est même permis d'offrir 15 millions de dollars à une université du Texas à la fin de sa vie –, les sommes dépensées pour la préparation de *Pologne* devaient être relativement mineures. Et largement amorties par le succès garanti du livre, vendu à plus d'un million d'exemplaires à travers le monde.

Michener a écrit son roman selon le mode de la super-production cinématographique. Comme dans le cas des films hollywoodiens, l'auteur a pu profiter d'importants investissements, d'un réseau de distribution hors pair, d'une promotion de qualité, afin d'offrir un livre qui ressemble bel et bien à un spectacle à grand déploiement, avec ses innombrables figurants, ses batailles spectaculaires, son souffle épique, sa reconstitution historique plus vraie que nature. Ce genre de livres est d'ailleurs réservé aux grands : on imagine mal un écrivain d'un pays en voie de développement s'intéresser d'une façon aussi coûteuse au sort d'un pays étranger, ou un auteur finlandais, hongrois, québécois ou grec, dont les écrits ne peuvent atteindre en premier lieu qu'un bassin de population infiniment plus restreint, consacrer tant d'argent à un livre qui se vendra à quelques milliers d'exemplaires seulement, si tout va bien.

Dans ses « Remerciements » à la fin de son roman *Pologne*, Michener a l'arrogance, mais surtout la naïveté d'un Américain qui se promène en Afrique avec le porte-monnaie rempli de billets de cent dollars. Sa bonne foi est évidente : il souhaite rendre hommage à ses collaborateurs, tout en montrant au lecteur le sérieux de sa démarche. Ce qu'on vient de lire dans le roman, nous dit-il, ne relève pas de la pure fantaisie, mais se rattache à la Vérité, se lie à l'Histoire aussi solidement que le travail d'un universitaire consciencieux, mais avec le plaisir en plus. Le romancier, l'écrivain est plus qu'un simple raconteur d'histoires, plus qu'un esprit sensible qui exalte les émotions ; son matériau de base, cette glaise dans laquelle il moule son œuvre, est puisé à même un savoir considérable, prérequis à la création, sans l'accumulation duquel il ne peut se sentir prêt à passer à l'écriture. Pour Michener, l'auteur est bel et bien un être de connaissance.

Pourtant, rien n'est plus ambigu que la connaissance, et dans le cas qui nous préoccupe, on peut se demander si tous les efforts accomplis par Michener ont été réellement suffisants pour nourrir un ouvrage aussi vaste que le sien ; ou si la « vérité » sur la Pologne ne se cache pas tout simplement ailleurs, au sein d'un espace indéfinissable que cet Américain pragmatique et habitué aux recherches ambitieuses n'aurait jamais pu découvrir.

Dans *Le roi des aulnes*, Michel Tournier a situé une partie importante de son roman en Prusse-Orientale, territoire qui occupait avant la Deuxième Guerre mondiale une partie de la Pologne actuelle. Sa démarche a été très différente de celle de Michener. Il nous confie dans *Le vent paraclet* qu'il désirait « confondre le connaisseur le plus sourcilleux »[2], créer l'illusion qu'il connaissait à fond la géographie de cette région de l'actuelle Pologne, par une préparation minutieuse et largement documentée. Mais ses moyens ne sont pas ceux d'un écrivain millionnaire : il ne peut voyager en Pologne et il n'a pas accès à des sources d'information privilégiées. Ainsi que bien des écrivains, il doit s'alimenter de ce qui demeure à sa disposition, « cartes, photographies, mémoires, études historiques, guides touristiques, etc.», afin d'accomplir cette recherche qui donnera de la crédibilité à son récit. Il compte aussi sur le hasard : il tombe sur un mémoire qui lui donne de précieuses informations, un mémoire publié non pas dans une maison prestigieuse, mais chez un éditeur spécialiste de la chasse, la pêche et l'agriculture ! Il découvre aussi que l'ébéniste auquel il fait appel pour lambrisser le plafond de son grenier a été tenu en captivité pendant quatre années en Prusse-Orientale, ces années de guerre pendant lesquelles se déroule justement le roman qu'il se prépare à écrire.

Ce ne sera qu'après avoir terminé et publié son livre que Tournier visitera la Pologne, répondant à l'invitation d'un lecteur qui prétend que la Prusse-Orientale n'est pas cette « terre austère » décrite dans le roman, qu'elle est « au contraire une province riante et hospitalière »[3]. Après sa visite, il admettra aisément que son lecteur dit la vérité, que cette province de Pologne, qu'il a montrée dans sa désolation fantomatique, lui paraît en vérité « riche et avenante ». Michel Tournier a-t-il donc commis une erreur ? A-t-il trompé le lecteur en lui faisant voir un paysage décrit avec un indéniable souci du détail, mais dont il ne possédait pas une idée précise ? Il se justifie habilement : le paysage, selon lui, est un état d'âme, et la description qu'il a faite de la Prusse-Orientale correspondait bel et bien à celui des prisonniers français pendant la Deuxième Guerre mondiale.

Alors que Michener a écrit son livre à la suite d'une impeccable enquête sur le terrain, appuyée par une importante recherche documentaire, Tournier s'est satisfait d'une recherche essentiellement livresque, considérable malgré tout, agrémentée d'un important témoignage reçu par hasard. Dans le cas de ces deux auteurs, l'histoire qu'ils racontent, loin de se suffire à elle-même, dépend des recherches accomplies, et en ce qui concerne Michener, se voit entièrement générée par ces recherches. Dans ces deux cas, l'écriture se renforce, s'épanouit, établit sa crédibilité à partir de connaissances que les auteurs ont acquises à la suite d'une importante collecte de données.

Pourtant, la qualité de leur œuvre ne dépend en rien de la quantité des sources qu'ils ont consultées. Il me paraît évident que *Le roi des aulnes* est un roman nettement supérieur à *Pologne*. Tournier transcende littéralement son sujet, il s'intéresse à cette magnifique terre de légendes qu'est la Prusse-Orientale, dans laquelle il ancre des mythes fascinants : celui de l'ogre, celui du Roi des Elfes, ou du Roi des Aulnes tel que raconté par Goethe, celui des origines de la nation germanique, dans le contexte déli-rant de l'agonie du nazisme, alors que des officiers fana-tiques transforment les enfants en soldats et refusent d'envisager une défaite radicale, alors que son personnage principal, à la fois pervers et saint, se perd dans sa recher-che de l'extase. Michener, quant à lui, nous raconte une histoire gigantesque, puisant à même l'émouvante desti-née de la Pologne. Mais il ne parvient pas à instruire aussi efficacement que dans un livre d'histoire ou à explorer l'âme humaine avec sensibilité et subtilité comme dans une grande œuvre littéraire ; la rigueur de son enquête entrave la liberté du romancier, l'historien se voit dévalué par la présence dans son œuvre de personnages fictifs. Et le lecteur cynique peut se demander si une recherche aussi colossale et si tant d'argent dépensé à l'accomplir en va-laient vraiment le coup – sinon que tout cela a permis une fois de plus à un spécialiste du best-seller de s'enrichir davantage.

Alfred Jarry a lui aussi situé sa pièce de théâtre *Ubu roi* en Pologne mais, contrairement aux auteurs précédents, en évitant d'effectuer la moindre recherche sur son sujet. À une époque où Émile Zola avait établi sa méthode natu-raliste – dont relève justement l'approche de Michener –, et où l'on comprenait mieux que jamais auparavant les différences historiques et culturelles, Jarry, dans sa ferveur iconoclaste, préfère transformer la Pologne en un lieu pu-rement fantaisiste, où se joue cependant le drame de la dictature avec ses excès, ses horreurs, mais surtout, son suprême ridicule.

Dans la présentation de sa pièce le soir de la première, Jarry termine son discours par cette phrase maintes fois citée : « Quant à l'action, qui va commencer, elle se passe en Pologne, c'est-à-dire Nulle Part. »[4] Le ton est donné : il n'était pas question pour lui d'entreprendre des recherches poussées, de présenter un lieu clairement identifiable. La Pologne n'intéresse que par son éloignement et ses mystères, pays peu visité dans l'Est de l'Europe, presque aussi reculé que la Russie, mais beaucoup plus petit, aux frontières changeantes, si fragile qu'on l'a même réduit à ne plus exister pendant près de deux cents ans. En guise de recherches, Jarry s'est satisfait de consulter un atlas qui lui a permis d'emprunter quelques noms de lieux qu'il a associés à des aristocrates persécutés par le père Ubu : Podolie, Vitebsk, Posen, Riga, Revel, Mitau, Thorn, Sandomir. L'auteur a respecté une géographie rudimentaire en situant la capitale à Varsovie, en faisant combattre Ubu contre le « czar » de Russie, puis en le faisant fuir en Lituanie, tout cela en rendant ces lieux impossibles à reproduire de façon réaliste, tant les changements de décors sont rapides et nombreux.

Cette Pologne synonyme de Nulle Part se situe en vérité partout, selon l'imagination du spectateur. Et la pièce de Jarry, originant comme on le sait d'une pochade d'étudiant écrite dans le but de se moquer d'un professeur, conservant de ses premières versions son aspect brouillon et son irrévérence, atteint une rare universalité par son désir même de s'exclure d'un contexte, tout en ayant évité à l'auteur la tâche ardue de recueillir des informations, de les trier, de les transmettre au public. La pièce étonne aujourd'hui par son caractère prémonitoire : comment ne pas voir à travers Ubu et sa manière de gouverner une version à peine caricaturale de ces trop nombreux dictateurs qui ont marqué le 20ᵉ siècle, les Mussolini, Hitler, Staline, Idi Amin Dada, Haïlé Sélassié, Kadhafi, Saddam Hussein, etc., à la fois ridicules et sanguinaires, ubuesques jusqu'à l'improbable ? Voilà ce qui me surprend au plus haut point dans *Ubu roi* : les véritables modèles n'étaient pas contemporains ; ils vivraient des années plus tard tels que Jarry, l'ignorant, le potache, le provocateur, les avait imaginés dans le pire cauchemar.

Bien avant Jarry, Calderon de la Barca a lui aussi inventé une Pologne improbable dans sa pièce *La vie est un songe*. Le pays largement hispanisé qu'il nous présente n'a cette fois absolument rien à voir avec la véritable Pologne. On pourrait difficilement le blâmer : les dramaturges du 17ᵉ siècle avaient pris l'habitude de situer leurs pièces dans des pays dont ils ne connaissaient rien, dont le nom seul était gage d'exotisme. Mais surtout, l'éloignement géographique rassurait les spectateurs, puisqu'il n'y avait bien sûr que dans des pays étrangers que se déroulaient des drames aussi inacceptables et bouleversants que ceux qui étaient montrés sur scène.

La pièce de Calderon affirme sans équivoque sa thématique par son titre. L'équivalence entre la vie et le rêve est établie on ne peut plus clairement, l'affirmation étant marquée par l'usage du verbe « être » qui ne laisse pas de place à la discussion. Le personnage principal de la pièce, Sigismond, ne cesse d'ailleurs de nous ramener cette équivalence. Sigismond, contrairement au commun des mortels, a d'ailleurs vécu, au sens propre, la confusion qui peut exister entre nos divers états de perception.

La pièce nous fait part de cette expérience unique, plus allégorique que probable. L'argument de la pièce est connu : le père de Sigismond, Basile, roi de Pologne, avait appris par les astres que son fils tuerait sa mère, qu'il serait un tyran inique et sanguinaire, qu'il foulerait même son père à ses pieds. Dès la naissance de l'enfant, les prédictions se réalisent : la reine meurt en accouchant. Basile isole alors son fils dans une tour austère, où il sera élevé comme un fauve. Misérable, couvert d'une peau de bête, il ignore tout de sa condition de prince. Cette tour où il vit est en fait la caverne de Platon : Sigismond ne perçoit du monde que ses ombres et ses bruits confus, et il n'est parfaitement assuré que de la plénitude de son malheur. Basile en viendra toutefois à regretter sa décision et laissera à Sigismond la chance de régner pendant une journée afin d'évaluer ses capacités à exercer le pouvoir. On endort le jeune homme avec un narcotique et on le mène jusqu'à la cour. Le prince se trouve alors transporté de sa caverne à la couche royale, il passe de l'état de fauve en cage à celui de monarque au pouvoir absolu. Convaincu que ce qui lui arrive est bel et bien vrai, il profite de son pouvoir immense pour se venger de ceux qui l'ont persécuté. C'est en conséquence de ceci que Sigismond fait l'expérience viscérale de l'ambiguïté de ses perceptions : on ramène au plus vite le fauve dans sa prison et on lui raconte que ce qu'il a si fortement l'impression d'avoir vécu n'était en fait qu'un songe. Dorénavant, le prince ne peut plus avoir de certitudes.

L'affirmation péremptoire du titre de la pièce découle ainsi d'une généralisation de cette expérience personnelle,

qui a surtout servi de démonstration. L'illusion partielle de
la caverne de Platon, où les ombres sont confrontées au
réel, devient une illusion totale, qui ne s'oppose plus à aucune forme de réalité. L'expérience de Sigismond l'amène
à constater l'angoissante relativité des perceptions. Le
prince ne pourra vivre dorénavant sans remettre en question la « réalité » de ce qui lui arrive. Il sera sans cesse obsédé par le doute : la vie suit-elle son cours ou ne vit-il pas
plutôt un songe ? C'est ce même doute qui saisit Descartes
avant l'énonciation de son cogito : il se demande si ses
pensées sont « non plus vraies que les illusions de [ses]
songes »[5]. À partir de prémisses similaires, Descartes nous
mènera, nous le savons, à la certitude fondamentale, si
clairement articulée dans le cogito. Sigismond cependant
ne met jamais en doute son existence. Confronté à se
demander s'il vit dans le réel ou dans le rêve, il préfère
croire qu'il rêve. Il pourrait ainsi, à l'instar de Descartes,
formuler avec assurance un « je rêve, donc de suis ».

En fait, le choix de Calderon, par l'intermédiaire de
Sigismond, est, comme celui de Descartes, parfaitement
conforme à l'esprit de sa discipline, de son mode d'expression. Descartes philosophe, cherchant à élaborer une méthode, se devait d'avoir ses assises ancrées dans le réel, si
minimales soient-elles, alors que Calderon, poète baroque,
auteur de rêves éveillés, avait forcément, avec cet a priori
du rêve comme réalité, ouvert la voie vers une poésie
donnant libre cours aux diverses combines de l'imaginaire. *La vie est un songe*, qui prend pourtant l'allure d'une
froide démonstration, pourrait en sorte se lire comme une
poétique : le miroir-littérature, qui procède comme le
songe de l'imaginaire, est ainsi aussi vrai que la vie réelle
avec laquelle il se confond ; la vie futile comme le rêve

n'impose pas une lourdeur hypothétique ni une rigueur réaliste à l'exercice de la littérature.

Dans leur façon de se servir de la Pologne comme toile de fond à leurs histoires, Michener, Tournier, Jarry et Calderon illustrent bien les attitudes des écrivains face au savoir. À mon avis, il existe pour les auteurs une bien mince marge de manœuvre entre l'approche hyper-documentée du premier, le savoir presque entièrement livresque du second, les allusions commodes et faciles du troisième et la franche ignorance du dernier ; il faut choisir son camp, évaluer jusqu'où il faudra enquêter, déterminer jusqu'où mener le lecteur – dans une pure fantaisie, dans une écriture marquée par un souci extrême du détail réaliste, ou, suivant une démarche intermédiaire, dans une histoire accordant une place plus ou moins grande aux divers éléments extraits de la réalité qu'il sera nécessaire de présenter.

Le lecteur qui prend connaissance d'une œuvre littéraire en tirera des apprentissages forcément différents, selon le parti pris de l'auteur. Ainsi, celui qui parcourt le roman de Michener pourra profiter d'une véritable leçon sur l'histoire de la Pologne, il en connaîtra les événements importants, les personnages marquants, les transformations sociales, tout cela de façon ludique, en évitant les lourdeurs inévitables des ouvrages spécialisés. L'amateur de théâtre qui assiste à une représentation de *La vie est un songe*, ou qui se contente de lire cette pièce, n'en retirera aucun apprentissage spécifique, mais il se confrontera à cette vision du monde de Calderon – qu'on retrouve d'une certaine manière dans l'ensemble du théâtre baroque –

selon laquelle la vérité est évanescente et la vie, un mystère. La pièce de Calderon ne nous en dit pas davantage, et pourtant la littérature se situe dans les marges de cette ignorance, elle se nourrit des doutes et des hésitations de Sigismond, le héros de la pièce.

Au-delà des certitudes de Michener, de son assurance de premier de classe qui a bien fait ses devoirs, de son exploit d'avoir atteint une fois de plus une quantité phénoménale de lecteurs, nous sommes malgré tout ramenés à cette vérité élémentaire selon laquelle la qualité littéraire ne dépend absolument pas de la quantité de connaissances que l'auteur introduit dans son œuvre. Pourtant, rares sont les auteurs qui aiment dire que leurs ouvrages ne sont que pure spéculation, qu'ils n'entretiennent aucun rapport avec les vastes champs de la connaissance, et qu'eux-mêmes, en ignorants affirmés, créent des œuvres détachées des contraintes imposées par le savoir. Au contraire, il est curieux de constater à quel point les auteurs qui s'adonnent à la fiction ou à la poésie ont très souvent cherché à éblouir, tant par leur maîtrise de la rhétorique, par leur familiarité avec la mythologie, par leur tendance à exposer un savoir livresque parfois immense, par l'intérêt qu'ils portent à des recherches qui se poursuivent parfois pendant des années. C'est qu'ils entretiennent un rapport forcément trouble, complexe et ambigu face au savoir, une relation d'amour et de haine, à travers laquelle on peut observer leur insécurité, leurs aspirations, leurs filiations, leur soif de virtuosité, leur désir de subjuguer le lecteur, leur tendance à juger, à inclure et exclure ; une relation toujours changeante sur laquelle, bien sûr, on ne cessera de s'interroger.

LE PARADOXE

Le rapport des écrivains au savoir pourrait se résumer par un curieux paradoxe. Il n'existe aucun art pour lequel les acquis de base sont aussi limités et faciles à maîtriser que l'écriture. Pourtant, aucune forme d'expression artistique n'est aussi directement associée à la connaissance.

On aime croire que la plupart des auteurs parviennent à élaborer leur œuvre après avoir accompli d'interminables études, après avoir longuement observé leurs semblables et su tirer des conclusions originales à la suite de leurs expériences. Pourtant, rien de cela n'est fondamentalement nécessaire. Pour créer une œuvre littéraire, il faut savoir lire et écrire. C'est tout. Bien sûr, les grands écrivains font preuve d'une remarquable maîtrise de la langue, ils ont su assimiler quantité de lectures et inventer à partir d'elles un univers d'une profonde originalité. Il n'en reste pas moins que le véritable apprentissage de base de l'écrivain est extrêmement rudimentaire, au point

d'en être désolant. Et si l'écrivain se nourrit de son enri-
chissement intellectuel et du développement de sa sensibilité, il en va ainsi pour les artistes de toutes les autres
disciplines, qui doivent en plus passer l'épreuve de longues
années de formation.

L'écrivain n'a pas, comme le musicien et le compositeur, à apprendre à jouer d'un instrument de musique,
avec les heures de travail et l'entraînement maniaque que
cela implique, il n'a pas à se familiariser avec des notions
aussi complexes que l'harmonie, le contrepoint, l'orches-
tration, il n'a pas à apprivoiser l'informatique et à utiliser
des logiciels parfois très complexes, ainsi que doivent le
faire la plupart des compositeurs aujourd'hui. Autour de
lui, on ne retrouve aucun des accessoires fascinants du
peintre ou du sculpteur, pots de peinture, palettes, ta-
bleaux, blocs de marbre, métal et autres matières, objets
divers recueillis un peu partout et métamorphosés par
l'imagination des artistes, qui travaillent dans des ateliers
qu'on imagine grands, aérés et lumineux. Cloué devant
l'écran de son ordinateur, il ne fascine pas par son travail.
Il ne dirige pas une bourdonnante équipe, il n'a pas à faire
preuve de leadership, comme le cinéaste qui découpe les
scénarios, conçoit la mise en scène, veille à qualité de la
photographie, à la direction d'acteurs, tout en faisant
preuve de psychologie et en ménageant les humeurs des
gens avec qui il travaille. Il n'a pas besoin de la formation
scientifique de l'architecte, qui maîtrise tant les principes
d'ingénierie que l'art d'équilibrer les formes et les volu-
mes. Avec son crayon et son papier, ou manipulant un
logiciel d'une simplicité désarmante, l'écrivain invente ce
qu'il veut, utilisant un alphabet le plus souvent réduit à
un peu plus d'une vingtaine de signes et une langue régie

par des dictionnaires et des grammaires à la portée tous les écoliers.

Mais l'écrivain produit des livres et les livres demeurent encore aujourd'hui l'écrin de la connaissance. Par transitivité, on accorde aux écrivains le savoir des livres, de tous ces livres dans lesquels on admet qu'ils ont puisé pour concevoir leurs œuvres. L'image traditionnelle de l'écrivain présente un homme ou une femme au visage creusé par les rides, des rides exposées fièrement comme des blessures de guerre, avec en arrière-fond flou une immense bibliothèque. Certains éditeurs cherchent à renverser la tendance, ils insufflent à leurs auteurs un air de jeunesse sans lequel on ne peut plus vendre, ils les sortent impétueusement de leur milieu naturel, la bibliothèque ; il n'en reste pas moins que ce cliché de l'écrivain trônant devant des quantités de livres découle de ce lien qu'on ne manque jamais d'établir entre l'écrivain reconnu et le savoir immense qu'on imagine qu'il a accumulé.

La maison de Walter Scott en Écosse, Abbotsford House, confirme à merveille ce préjugé : l'auteur s'est fait construire un havre à faire rêver, édifice spacieux dans un environnement paisible, avec grand jardin et ameublement luxueux, endroit de prédilection pour le recueillement où il a écrit la majorité de ses romans ; mais ce qui frappe le plus lorsqu'on visite cette maison reste la bibliothèque, une bibliothèque inépuisable, composée de pas moins de 9000 livres. Cet écrivain, qui se situe pourtant au tout début du roman moderne, a cru nécessaire de se donner une forme de crédibilité, de renforcer son imaginaire, d'alimenter ses œuvres par ces livres si nombreux auxquels il a accordé une place de choix dans sa très belle résidence.

L'écrivain est-il donc un artiste ou un savant ? Est-il un être d'émotion, d'imagination, un intuitif, ou recherche-t-il la rigueur et la rectitude scientifique ? Sa position demeure ambiguë. Comme l'artiste, il crée à partir de son imaginaire, il invente en équilibrant le contenu et la recherche formelle, il exprime sa vision du monde en toute liberté, il travaille à partir d'observations, d'émotions, de sentiments, il emprunte aux codes esthétiques de son époque, il dose et calcule ses effets, il cherche à procurer du plaisir à son public. Mais comme le philosophe, l'intellectuel, le spécialiste des sciences humaines, son outil est le langage, son produit, un livre et son lieu de prédilection, la bibliothèque. Les auteurs eux-mêmes ne craignent pas d'entretenir la confusion, ils s'acoquinent tantôt aux artistes, tantôt aux savants, suivant l'air du temps ou s'accordant aux combats qui les préoccupent : on pense bien sûr aux auteurs romantiques réunis et solidaires partageant la vie de bohème avec leurs semblables artistes, ou à l'indispensable apprentissage philosophique des existentialistes. Peut-être se réjouissent-ils de cette ambiguïté. Ainsi font-ils peser le poids de leur savoir lorsqu'ils interviennent en tant qu'intellectuels dans les grands débats de l'heure ; ou se réfugient-ils derrière les impulsions et la subjectivité de l'artiste, derrière les aléas de l'interprétation d'une œuvre, lorsque leurs propos ébranlent, choquent, ou ont une portée plus grande qu'ils ne l'avaient prévu.

Aujourd'hui, en Occident, la très forte majorité de la population sait lire et écrire. Ce qui veut dire que la très forte majorité de la population pourrait potentiellement devenir écrivain. L'histoire littéraire nous montre cependant que très peu de grandes œuvres ont été produites par des auteurs qui ne possédaient pas une solide formation intellectuelle. Le rêve selon lequel il existerait des écrivains jeunes, surdoués, sortis de nulle part, ressentant de façon puissante l'appel de la littérature en dépit d'un milieu hostile et résistant gauchement à leur vocation littéraire, se perpétue encore aujourd'hui. Ce rêve a été alimenté, entre autres, par la légende de deux écrivains français, Arthur Rimbaud et Jean Genet, une légende qui en a fait des auteurs possédés, doués de la science infuse, concevant des œuvres remarquablement intenses, subversives et maîtrisées, prenant source à même un immense sentiment de révolte.

Arthur Rimbaud donne de lui-même l'image d'un poète qui égrenait ses rimes sous les ciels étoilés, qui a tourné le dos aux « célébrités de la poésie moderne », qui aimait « les peintures idiotes, dessus de porte, décors, toiles de saltimbanques, enseignes, enluminures populaires ; la littérature démodée, latin d'église, livres érotiques sans orthographe, romans de nos aïeules, contes de fées, petits livres de l'enfance, opéras vieux, refrains niais, rythmes naïfs »[6]. Rimbaud, le suprême voyant, n'avait besoin pour créer que de fantaisies, d'hallucinations, de cauchemars provoqués par le « dérèglement de tous ses sens ». Pourtant, l'adolescent rebelle avait bel et bien derrière lui un passé de premier de classe, redevable à des maîtres qui l'avaient inspiré, tels Izambard, Deverrière, Bretagne, il avait été un élève particulièrement brillant qui s'intéressait à tous les domaines, littérature, philosophie, politique, qui dévorait des auteurs tels Tocqueville, Proudhon, Louis Blanc, sans compter bien sûr les poètes Baudelaire et Verlaine. Le poète inspiré et si génialement spontané était donc avant cela un élève surdoué et érudit, d'une extraordinaire curiosité.

Le sort de Jean Genet est en apparence encore plus prodigieux. Enfant de l'Assistance publique, voleur, prostitué, maintes fois condamné, il aurait conçu une œuvre théâtrale et romanesque d'une extraordinaire envergure, soutenue par un rare souffle poétique, il aurait élaboré tout ceci dans le fin fond de cellules miteuses, entouré de voyous et de malfrats qui le faisaient rêver ; il aurait composé des histoires puisées à même ses fantasmes d'homme enfermé, les aurait fabriquées « des éléments transposés, sublimés, de [s]a vie de condamné », nous aurait adressé du fond de sa prison des livres chargés « de fleurs, de jupons neigeux, de rubans bleus »[7]. Son œuvre ne se serait pas alimentée d'une expérience livresque, mais d'une vie d'excès pleinement vécue, qui allait devenir la source d'une œuvre profondément originale :

> S'il m'est impossible de vous en décrire le mécanisme au moins puis-je dire que lentement je me forçai à considérer cette vie misérable comme une nécessité voulue. Jamais je ne cherchai à faire d'elle autre chose que ce qu'elle était, je ne cherchai pas à la parer, à la masquer, mais au contraire je la voulus affirmer dans sa sordidité exacte, et les signes les plus sordides me devinrent des signes de grandeur.[8]

Ces « signes de grandeurs » dans la sordidité distinguent justement l'œuvre de Genet des autres témoignages sur le vif d'expériences tout aussi misérables que la sienne ; son style n'a rien de l'immédiateté, de la rugosité, des défauts de circonstance de l'auteur improvisé, appelé à l'écriture par l'urgence de son témoignage. Il faut lire la biographie de Genet par Edmund White pour constater que le talent littéraire n'a d'ailleurs pas été pour lui un acquis spontané, que le voleur était aussi un très grand lecteur, qu'il se délectait de modèles aussi variés que Ronsard, Rimbaud, Shakespeare, qu'il s'intéressait tant à la littérature qu'aux manuels de langues et aux traités scientifiques. Edmund White affirme : « Genet expulse de sa légende toute trace de ses activités et ambitions littéraires ou intellectuelles antérieures. Il ne mentionne jamais ses études, ses lectures ou sa correspondance littéraire dans *Journal du voleur*. Cette exclusion permet, naturellement, de privilégier un portrait beaucoup plus pittoresque du jeune vagabond, prostitué et criminel. »[9]

Pas de mystère de l'écrivain génial et spontané, donc, dans les cas de Rimbaud et Genet. Pas plus que chez Réjean Ducharme, le romancier adolescent qui nous a présenté une galerie de jeunes personnages qui, comme lui, se gavaient de lecture. Pas plus que chez Homère, qui ne pouvait avoir lu, étant aveugle et vivant à une époque où les livres n'existaient pas, mais qui s'était approprié la folie imaginative de la mythologie grecque et avait assimilé avec une rare maîtrise tant son inépuisable répertoire d'histoires que les procédés rhétoriques de la tradition orale. Le cas le plus marginal et le plus étonnant reste peut-être celui de Shakespeare, qui, bien que possédant une bonne connaissance du latin, n'avait jamais véritablement étudié l'anglais, et qui a pourtant donné à cette langue les chefs-d'œuvre que l'on connaît, des pièces chargées d'une érudition phénoménale, nourries par une écriture d'une richesse inouïe. Mais l'œuvre de Shakespeare, dont on explique si mal la genèse, nous confronte à une intrigue qui se cache bien en dessous des origines de son inspiration : la qualité surhumaine de ses pièces nous ramène au mystère initial de la conception des chefs-d'œuvre et de la faculté de certains individus de transcender leur époque par la force exceptionnelle de leurs créations.

Aujourd'hui, les autodidactes deviennent de moins en moins rares en littérature, alors qu'ils sont l'exception dans les autres arts, dans lesquels il est presque impossible de réussir sans une solide formation de base et des années d'études dans un champ approprié. Tous reçoivent à l'école la formation de l'écrivain. La tentation de s'improviser auteur devient donc de plus en plus grande, que l'on soit médecin, vendeur, serveur, professeur de mathématique ou d'économie, surtout si la lecture est pour ces gens davantage qu'un simple passe-temps.

Les éditeurs en subissent les conséquences : ils sont assaillis de centaines de manuscrits tous les mois, si bien qu'il devient très difficile de faire le tri parmi toutes ces œuvres en devenir, d'en faire une lecture attentive, au point que certains éditeurs cessent de lire les manuscrits qui n'ont pas été recommandés. Certains autres se vantent de pouvoir malgré tout repérer la perle rare ; de nombreux témoignages viennent cependant les contredire. Combien d'écrivains talentueux ont reçu d'innombrables refus avant d'obtenir in extremis une réponse favorable à la publication ? Comme on sait que les miracles n'ont pas toujours lieu, on peut soupçonner que des œuvres majeures sont désormais laissées pour compte. D'autres exemples navrants sont à retenir : l'auteure de best-sellers Doris Lessing, véritable mine d'or pour son éditeur, qui a vu un manuscrit rejeté par celui-ci lorsqu'elle le lui a fait parvenir sous un pseudonyme ; le journaliste Achmin Halley qui a fait parvenir à sept éditeurs québécois l'un des meilleurs romans d'Anne Hébert, *Le torrent*, qu'on n'a même pas reconnu et qu'on a dédaigné presque sans explications. Ces erreurs, de toute façon, ne provoquent plus de drames : dans la surabondance de la production courante, et tenant compte de toutes ces œuvres majeures qui s'accumulent dans nos bibliothèques sans qu'on trouve le temps de les parcourir, qui se plaindrait qu'on ait à lire quelques chefs-d'œuvre de moins ?

En cette ère où tous peuvent être écrivains, les auteurs se voient dévalués à cause de leur surnombre. Recueillie par un éditeur débordé, l'œuvre littéraire arrivera sur les tablettes bien remplies des librairies, invisible parmi tant de nouveautés, elle intéressera peut-être un journaliste lui aussi débordé, qui ne peut parler que d'une mince proportion des livres qu'il reçoit, ses articles étant de toute manière peu mis en évidence dans sa propre publication, et parmi tous les articles des autres journaux et revues qui rendent compte de l'actualité littéraire. L'écriture demeure l'art démocratique par excellence, et son accessibilité est l'un des gages de son dynamisme. Mais dans la sève inépuisable de la production actuelle, on se demande quels sont les livres qui atteignent les lecteurs auxquels ils devraient être naturellement destinés.

Il va de soi que l'histoire littéraire s'appuie sur des œuvres d'une grande qualité pour établir son panthéon. Mais devant cette qualité de moins en moins reconnaissable dans la surabondance de la production courante, le milieu littéraire se rabat sur le spectaculaire afin de déterminer les livres qui seront lus par le plus large public. On s'intéresse davantage à l'écrivain qui a vécu une histoire – un drame personnel quelconque, une destinée exceptionnelle, souvent relative à la célébrité – qu'à celui qui a une véritable histoire à raconter. La périphérie de l'œuvre s'impose au-delà de l'œuvre : il faut avoir un discours à poser sur le livre que l'on expose – ce qui rend les qualités littéraires bien insuffisantes pour attirer l'attention. Dans cet univers, le succès engendre le succès. Le tirage élevé d'un livre devient un gage de réussite et assure l'attention médiatique, dans un effet boule de neige qui n'a plus rien à voir avec la valeur intrinsèque de l'œuvre. Tout ceci risque de rattraper l'histoire littéraire : probablement retiendrons-nous de notre époque que les livres dont on a déjà beaucoup parlé. Ce système de sélection donne plus que jamais la place aux autodidactes à la vie bien remplie, aux œuvres faciles et racoleuses, ce qui confine bien souvent des œuvres riches et originales aux rayons les moins fréquentés des librairies. Il semble très probable qu'aujourd'hui, Proust n'aurait pas trouvé d'éditeur.

Parmi les auteurs qui arrivent à bien tirer leur épingle du jeu, il faut compter les acteurs, chanteurs et personnalités diverses appréciées du public – qui se sont fait inévitablement connaître par la télévision. De nos jours, la télévision est quasiment l'unique gage du succès littéraire ; elle déroule le tapis rouge devant ses propres vedettes qui ont produit un livre – peu importe qu'il soit bon ou mauvais. Ces vedettes profitent d'une impeccable campagne de presse, d'une visibilité sur les grandes tribunes, passant bien souvent avant les auteurs établis. Le succès de vente est presque toujours proportionnel au grand battage publicitaire dont elles ont profité. Et de véritables auteurs sont pendant ce temps laissés pour compte, parce que leur gueule n'est pas suffisamment connue et que la vedette de l'heure transformée en auteur improvisé a occupé les rares plages médiatiques consacrées aux livres.

La littérature d'aujourd'hui est ainsi le seul domaine dans lequel les amateurs réussissent mieux que les professionnels.

L'IMPOSSIBLE APPRENTISSAGE

Beaucoup de jeunes qui souhaitent écrire choisissent les études littéraires. La formation universitaire en ce domaine leur permet de se familiariser avec les œuvres des grands auteurs, qu'ils lisent, analysent et décortiquent, guidés par des professeurs hautement spécialisés. Les cours les plus avancés abordent surtout la théorie littéraire, ce qui éloigne les étudiants et les professeurs des œuvres littéraires, mais leur donne l'occasion d'élaborer de savantes critiques de la critique. La formation des professeurs de littérature est le plus souvent très différente de celle des écrivains dont ils décortiquent l'œuvre : très peu d'écrivains connus ont accompli de véritables études en littérature (même s'il y en a de plus en plus), et un nombre relativement restreint de professeurs de littérature se sont adonnés avec succès à la création littéraire. Dans le domaine de la musique, par exemple, on imagine pourtant mal de mettre au programme un compositeur qui n'a pas suivi de leçons d'harmonie, qui n'a pas reçu une formation semblable à celle qu'ont acquise ceux qui enseigneront son œuvre. La formation en littérature n'a pas de visée pratique ; ceux qui l'ont choisie dans le but de devenir écrivains n'ont sur leurs semblables que le mince avantage de s'être familiarisés à des points de vue variés sur la littérature, d'avoir baigné pendant la durée de leurs études dans une ambiance où les préoccupations littéraires étaient hautement valorisées.

Dans *Les bâtards de Voltaire*, John Saul montre comment l'avènement des départements de littérature dans les universités a marqué les liens entre spécialistes et écrivains :

> L'écrivain finit par constituer une minorité dans son propre milieu – une minorité déshéritée. Les professionnels de la littérature bénéficiaient de contrats à long terme, de postes universitaires et de plans de retraite. Alors que la plupart des auteurs continuaient à occuper des espaces restreints dans des quartiers marginaux, ces experts avaient accédé au monde bourgeois de la propriété. [...] Le fait que la plupart de leurs sujets d'étude étaient nettement plus pauvres qu'eux et menaient des existences beaucoup moins stables leur convenait fort bien. Plus un romancier buvait ou divorçait, plus il avait connu de faillites ou de dépressions nerveuses, plus il était intéressant à étudier et plus il devenait facile d'assimiler en lui angoisse et créativité. L'image de l'écrivain tragique, obsessionnel, souffrant, fit alors son apparition.[10]

Bien que cette vision soit un peu caricaturale, John Saul montre bien le gouffre qui sépare parfois l'écrivain et le professeur de littérature. L'emploi reconnu, lucratif, assorti de privilèges du professeur contraste avec le statut

précaire, l'insécurité et le manque de reconnaissance de
l'écrivain. Dans son gigantesque essai, Saul nous dit que
les spécialistes de toutes disciplines, survalorisant la raison, aveuglés par elle, deviennent incapables de porter
un regard global et lucide sur les choses. Il range les professeurs de littérature à l'université dans la catégorie des
spécialistes raisonnables qu'il condamne et leur associe
les auteurs réputés « difficiles » qui, à partir de Proust et
Joyce, écrivent essentiellement pour un public restreint
et élitiste. Si la thèse de Saul dans son ensemble reste solide et bien documentée, elle me paraît moins pertinente
en ce qui concerne la littérature. Le problème majeur de
la littérature contemporaine ne découle pas de l'envahis-
sement de ces œuvres soi-disant élitistes qui décourage-
raient le grand public de la lecture ; il faut à mon avis
beaucoup plus s'inquiéter de la mise en marché des auteurs selon un mode de production néolibéral, qui évalue
un écrivain selon les tirages et les apparitions médiatiques
(ce qui revient généralement au même), qui encourage au-
delà de tout la diffusion de produits conformes, vendables
et faciles à lire.

John Saul montre bien cependant que ce que l'on croit
souvent être la véritable école de l'écrivain n'a rien à voir
avec l'apprentissage universitaire. Le professeur d'université a eu un parcours prévisible et bourgeois, celui du bon
élève – et on sait que les bons élèves proviennent majori-
tairement des milieux favorisés – qui s'est astreint pendant de longues années à suivre le sentier tracé qui mène
du baccalauréat jusqu'au doctorat, et même au post-
doctorat. Ses études dans un champ forcément très circonscrit, méticuleuses, soutenues par une importante aide
financière, accomplies sous la gouverne de spécialistes

vigilants et sanctionnées par de dures épreuves – maîtrise, examen de doctorat, soutenance de thèse –, l'ont mené à occuper ce poste prestigieux et grassement payé dont parle John Saul. Le savoir de l'écrivain, tel qu'on aime le mythifier, et ainsi que l'illustre Saul, n'est en rien livresque ; il est acquis par l'épreuve, par la dure école de la vie, par l'expérience de la peine et de la misère. Le grand auteur a poussé à la limite des expériences telles que la dépression, l'alcoolisme, le déchirement amoureux, il transmet son mal avec art et donne des frissons aux lecteurs bien installés qui peuvent ainsi fuir par procuration leurs vies monotones, en soupirant d'aise lorsqu'ils pensent à tout ce à quoi ils ont échappé. L'apprentissage de la douleur, de la difficulté de vivre : voilà ce à quoi on aimerait bien souvent restreindre la formation de l'écrivain. Mais en le marginalisant ainsi, on nie ses propres ambitions, sa grande capacité d'imaginer, tout en réduisant l'impact de son propos.

Depuis quelques années, il se donne à l'université des cours de création littéraire, dans lesquels les étudiants apprennent à écrire des textes de fiction. À l'aide d'exercices divers, de compositions sur des sujets variés, on permet aux auteurs en devenir d'expérimenter diverses formes d'écriture tout en se soumettant à la critique, celle des pairs et du professeur. Ces cours, regroupés sous le nom de *creative writing*, sont particulièrement suivis dans les universités américaines ; on peut même en faire une spécialisation. Dans une nouvelle humoristique intitulée *Comment devenir écrivain*, Lorrie Moore décrit la routine de ces cours de création :

> Pendant les deux années qui suivent, dans les
> séminaires de création littéraire, tout le monde
> continue à fumer des cigarettes et à poser les
> mêmes questions : « Mais est-ce que ça se
> tient ? » « Est-ce que quelque chose nous pousse
> à nous intéresser à ce personnage ? » « Est-ce
> que ce cliché a sa raison d'être ? » Telles sont,
> dirait-on, les questions vitales.[11]

Lorrie Moore montre ici, ainsi qu'ailleurs dans sa nouvelle, comment les commentaires que l'on faisait dans les
cours qu'elle suivait concernaient d'abord et avant tout la
fabrication de l'histoire. Certains cours de création littéraire relèvent un pari élevé : celui de convaincre qu'il existe
un apprentissage « technique » de la littérature, que la fiction et la poésie s'élaborent à partir de « méthodes » que
l'on peut appliquer avec succès, à condition d'avoir un
peu de talent. Et cela même si la presque totalité des écrivains connus n'ont pas eu recours de façon consciente à
ces procédés. Plusieurs professeurs ont l'honnêteté d'affirmer qu'aucun cours de création littéraire ne pourra transformer celui qui le suit en écrivain, que la fiction et la
poésie ne s'apprennent pas, que les conseils dont les étudiants peuvent bénéficier dans un pareil cours ont forcément une portée restreinte. Les cours de création se
transforment alors en forums, les étudiants ont l'occasion
d'expérimenter divers types de textes, de voir ceux dans
lesquels ils sont le plus à l'aise, de soumettre leurs trou-
vailles à leurs pairs, d'expérimenter à une petite échelle le
cycle de la création, de la naissance du projet à la récep-
tion critique. À défaut d'avoir appris quelque chose, l'étudiant pourra prendre la mesure de ses capacités et juger
s'il vaut la peine de poursuivre.

Ces cours deviennent plus inquiétants lorsqu'ils ont la prétention d'offrir une méthode irréprochable aux apprentis auteurs. On peut voir régulièrement annoncés dans les journaux des ateliers rassemblant des écrivains célèbres et qui promettent à mots à peine couverts – moyennant un forfait toujours élevé – la formule magique qui mènera à la gloire littéraire. Je n'ai jamais assisté à ces ateliers et j'ignore bien sûr quelle peut bien être la recette du succès. Dans le domaine du cinéma, les secrets sont moins bien gardés et plusieurs auteurs se sont consacrés à élaborer des techniques de scénarisation que les plus habiles n'ont qu'à appliquer avec un peu d'imagination. Le plus célèbre d'entre eux est Sidney Field, auteur de *Screenplay, The Fondations of Screenwriting, A Step by Step Guide*[12] et qui a de plus donné de nombreuses et dispendieuses conférences afin d'expliquer sa méthode. Dans un autre de ces livres sur le scénario, mode d'emploi, Michel Chion résume bien le procédé de Field, basé sur un « paradigme » :

> Ce fameux paradigme est une structure en trois actes : un acte d'exposition écrit sur 30 pages, un acte de confrontation de 60 pages, et un acte de résolution de 30 pages – étant entendu qu'à une page de scénario correspond à l'écran une durée fixe (une minute environ). Vers la fin de chacun des deux premiers actes doit se situer un « plot point » (retournement de situation, coup de théâtre). Enfin chaque acte peut se diviser lui-même en trois parties. L'ouvrage comporte d'autres diagrammes de ce type (notamment pour concevoir la définition des personnages), aussi impératifs et aussi simples.[13]

On ne peut s'empêcher de comparer cette méthode aux impératifs de la tragédie française à l'époque de Racine : même rigueur dans la composition, nécessité d'établir une organisation logique, une division efficace de l'action. Racine cherchait à faire correspondre son art à un besoin de discipline et de clarté, en opposition avec la fantaisie baroque et le climat d'anarchie qui avaient si longtemps régné, reflétant le désir absolu d'organisation et de contrôle du roi Louis XIV. Les règles de la tragédie classique n'ont d'ailleurs été parfaitement appliquées que dans les quelques tragédies de Racine, et d'autres moins nombreuses de Corneille, ce qui nous laisse, somme toute, un répertoire plutôt limité. Field a bien sûr un tout autre but en établissant ses procédés de scénarisation : celui de montrer la façon la plus efficace de raconter les histoires, d'exposer un modèle parfait, unique, universel, qu'on peut reproduire à l'infini. Le cinéma hollywoodien, qui envahit presque tous les écrans de la planète, est la preuve qu'il existe bel et bien un modèle triomphant : on reprend ad nauseam les mêmes structures narratives, les mêmes personnages, avec la même psychologie simpliste, les mêmes enchaînements d'actions, les mêmes effets spéciaux, les mêmes affrontements entre bons et méchants, selon un ordre soigneusement préétabli, pour la plus grande joie des spectateurs.

Il ne nous reste qu'à espérer que les écrivains ignorent le plus longtemps possible les procédés de préfabrication des histoires. Depuis longtemps déjà, les romans de genre et les best-sellers – les romans policiers, entre autres – n'échappent pas à la production en série. Souhaitons que les auteurs soient longtemps protégés par leur individualisme et par l'humilité de leur art, qui dégage la littérature des immenses obligations financières qui piègent le cinéma, et qu'ils soient ainsi empêchés de succomber aux voies trop aisément tracées.

LA TENTATION DE L'ÉRUDITION

Même si les écrivains n'ont pas à maîtriser un savoir immense pour écrire une œuvre littéraire de qualité, très peu parmi eux ont osé concevoir leurs livres sans donner un aperçu de leur érudition. Marguerite Duras constitue à mes yeux une exception notoire : ses romans et son théâtre renvoient à un univers fermé sur lui-même, dans lequel les références culturelles sont rares et peu appuyées ; comme l'a montré Laure Adler dans sa biographie de l'auteure[14], Duras s'est inventé une mythologie personnelle, a transformé un passé douloureux en une geste dont elle n'a cessé de ressasser les faits marquants ; son œuvre littéraire s'alimente de références autobiographiques idéalisées, ramenant le lecteur aux mêmes traumatismes, ce qui lui a permis de créer un univers remarquablement autarcique, original, audacieux, d'un narcissisme parfois désolant, mais d'une individualité si forte qu'on ne peut s'empêcher d'admirer une démarche si singulière. Le style incantatoire et dépouillé qu'elle a développé a aussi sans doute contribué à ce qu'elle applique ce minimalisme dans la structure même de sa narration. Rien n'est inutile dans son propos : autant les mots sont minutieusement comptés, autant l'étalage déplacé de connaissances ne doit jamais gâter l'épuration du texte. En ce sens, l'œuvre de Duras paraît si singulière, elle semble aller tellement à l'encontre de ce qu'ont toujours voulu atteindre les écrivains qu'on pourrait presque la considérer comme une expérience des limites.

La tendance naturelle de l'écrivain est plutôt de parsemer son œuvre d'allusions à ses nombreuses lectures. Un écrivain lit énormément, cela va de soi, pour alimenter son imaginaire, pour éviter la naïveté et la redite, mais surtout, par plaisir, pour se rattacher à l'origine même de sa vocation, à ces histoires qui l'ont fasciné et lui ont donné l'envie de tenter sa chance, en racontant à son tour de nouvelles histoires, à la fois différentes et inspirées de celles qu'il a appréciées. Le monde de la littérature est composé d'inépuisables renvois d'une œuvre à l'autre, d'une époque à une autre, l'écrivain jouant avec les histoires conçues par d'autres comme avec les lettres de l'alphabet, créant une infinité de situations renouvelées, inspirées plus ou moins ouvertement par le répertoire des œuvres qui l'ont marqué. Ainsi, l'écrivain qui introduit dans ses livres des allusions directes ou indirectes à d'illustres prédécesseurs va chercher à la fois une inspiration, une caution littéraire et une filiation dont il semble toujours fier.

Dans la célèbre lettre de Gargantua à son fils Pantagruel[15], Rabelais établit les fondements de l'éducation humaniste : l'honnête homme doit maîtriser les langues

anciennes, surtout le grec et le latin, il doit lire les philosophes, étudier les arts libéraux, géométrie, arithmétique,
musique, apprendre les « choses de la nature », connaître
la médecine, s'inspirer des saintes lettres, du *Nouveau* et
de l'*Ancien Testament*. L'humanité est en marche, le savoir
se diffuse à un point tel que « les brigands, les bourreaux,
les aventuriers, les palefreniers » sont dorénavant plus
instruits que les docteurs et prêcheurs du temps de la jeunesse de Gargantua. Pantagruel suit les préceptes de son
père sans opposer de résistance : « [...] son esprit était
parmi les livres comme le feu dans les bruyères sèches,
tant il était infatigable et travaillait avec ardeur »[16]. Il sera
guidé dans la vie par tout ce savoir qu'il aura accumulé.

Rabelais a ainsi fait entrer dans la littérature, plus que
tout autre auteur avant lui, ce besoin de citer, de s'appuyer
sur des connaissances rigoureuses et élargies qu'éprou-
veront tant d'écrivains par la suite. Son programme est
cependant gigantesque et correspond à l'enthousiasme
humaniste envers une diversité de connaissances qu'on
croyait alors possible de s'approprier. Par la suite, les écrivains apprendront à restreindre leurs ambitions et à se
limiter aux domaines qu'ils connaissent le mieux : la littérature, principalement, ses sources gréco-romaines, et,
par extension, l'art pris dans son sens le plus général. Le
champ de leurs connaissances n'est pas uniquement tributaire d'une formation spécifique acquise dans les institutions du savoir : on leur accorde la science du fabricant
expérimenté qui, sans être allé à l'école, réussit à créer un
produit fiable et renommé. Par extension, les auteurs
peuvent se prononcer sur tout ce qui concerne la création
artistique. Peintres, sculpteurs, musiciens, architectes (et,
plus tard, cinéastes, chorégraphes, metteurs en scène) sont

leurs semblables, avec lesquels ils ont partagé une vie de bohème louée tant par Murger que Balzac et Zola, ils ont affronté le public sceptique et ingrat et ont voulu faire partager leurs découvertes dans le domaine de l'art. Les écrivains étant cependant les seuls à utiliser les mots comme matériel artistique, ils peuvent aussi disserter sur l'art, expliquer l'œuvre de leurs semblables, développer de savantes considérations sur la création dans leurs propres œuvres.

La littérature classique regorge d'allusions aux propos des Anciens, à la mythologie grecque et romaine, à ce qui forme la base de l'éducation humaniste. Par leurs écrits, les auteurs de la fin du Moyen Âge et de la Renaissance – de Villon le voyou aux courtisans Ronsard et du Bellay – devaient faire la preuve qu'ils avaient assimilé et maîtrisé les connaissances acquises lors de leurs années d'études, connaissances qu'ils transmettaient à des lecteurs capables d'apprécier leur science et leur maîtrise de ces références. Dans un simple sonnet, « Je ne suis point, ma guerrière Cassandre », Ronsard, par exemple, remplit le poème d'allusions à la guerre de Troie, aux Myrmidons, aux Dolopes, à Philoctète, au port d'Aulide, à Corèbe, à Pénélée et à Archerot (ou Cupidon). Il est curieux de constater à quel point la maîtrise de la mythologie gréco-romaine a régulièrement servi de critère pour mesurer la culture humaniste et l'érudition des auteurs. Du classicisme, celui de Racine, de Boileau et même de Molière, qui cultive l'admiration des Anciens jusqu'à l'obsession, aux poèmes très sages du pourtant révolutionnaire André Chénier, aux exercices de style des Parnassiens, aux poèmes intellectualisés de Mallarmé ou de Valéry, les allusions à la mythologie se multiplient, au point d'affecter l'intelligibilité des textes et de les rendre indifférents aux lecteurs d'aujourd'hui, peu sensibles à ces démonstrations d'érudition. Ces textes écrits pour plaire et éblouir, avec lesquels les auteurs cherchaient à atteindre une forme d'immortalité par leur capacité d'intégrer des références aussi sûres que celles puisées à même la mythologie des Anciens, sont rendus difficilement accessibles à des lecteurs contemporains qui n'accordent plus la priorité à un tel savoir. Paradoxalement, ces poèmes, conçus pour être les plus durables, sont ceux que l'on évacue le plus rapidement du répertoire littéraire.

Le roman réaliste du 19ᵉ siècle, dans la volonté d'être « fidèle au réel », entraîne les auteurs à sortir du strict champ de la littérature pour aborder de façon précise, avec force détails, des problématiques très variées qui, en apparence, vont parfois au-delà de leurs compétences immédiates ; ces romanciers réussissent pourtant à donner des descriptions remarquables de ce qu'ils observent. Les exemples sont très nombreux : on pense par exemple à Stendhal qui, dans *La chartreuse de Parme*, aurait écrit l'une des descriptions les plus justes de la bataille de Waterloo, dans toute sa confusion et sa troublante désorganisation ; dans *Les illusions perdues*, Balzac nous initie, avec une précision un peu abusive, aux innovations technologiques dans le domaine de l'imprimerie ; il nous entraîne surtout du milieu journalistique parisien à celui des criminels, dont il se plaît à reproduire le jargon avec un souci de linguiste ; pour écrire *Germinal*, Zola, on le sait, a parcouru les régions minières carnet de notes à la main, dans le but de concevoir un roman si vrai qu'il aurait la force d'un témoignage.

Devant ces écrivains qui vont chercher le savoir ailleurs que dans les livres, Flaubert résiste. Du fond de sa tanière normande, dans un exercice qui tient à la fois de l'abnégation, de l'ascèse et même d'une certaine forme de masochisme, il enrichit ses créations de lectures innombrables, autant qu'il retouche à n'en plus finir chacune de ses phrases. Avec un soin qui relève de l'obsession, il n'avance rien sans que cela puisse trouver écho dans un livre, non pas tant pour impressionner le public que pour se satisfaire lui-même, par une forme d'honnêteté intellectuelle poussée jusqu'à l'absurde. Ses romans les plus connus, *Madame Bovary* et *L'éducation sentimentale*, qui relèvent directement de ses expériences et qui se déroulent dans des lieux familiers, font l'économie de recherches intempestives ; toute son attention se concentre sur le style. Mais pour *Salammbô*, ce sera la débauche :

> Savez-vous combien, maintenant, je me suis ingurgité de volumes sur Carthage ? environ 100 ! et je viens, en 15 jours, d'avaler 18 tomes de *La Bible* de Cahen ! avec les notes et en prenant des notes ! J'ai encore pour une quinzaine de jours à faire des recherches ; et puis, après une belle semaine de forte rêverie, vogue la galère ! (ou plutôt la trirème !). Je m'y mets.[17]

Flaubert, bien sûr, ne s'arrête pas là. Il accomplit une visite particulièrement studieuse du site de Carthage, il poursuivra ses lectures pendant toute la rédaction de son livre, qui durera cinq longues années. On retrouve les traces de ces recherches et de son obsession de la recherche dans ces œuvres précieuses et ciselées que sont *La tentation de saint Antoine*, *La légende de saint Julien l'Hospitalier* et *Hérodiade*. Puis il atteindra un paroxysme avec *Bouvard et Pécuchet*, un immense roman encyclopédique où il aborde, en les fouillant avec toujours autant d'acharnement, des sujets aussi variés que les sciences, l'archéologie, l'histoire, la littérature, la gymnastique, la philosophie, la religion, l'amour, l'éducation.

> Moi je lis du matin au soir, sans désemparer, en prenant des notes pour un formidable bouquin, qui va me demander cinq ou six ans. Ce sera une espèce d'encyclopédie de la Bêtise moderne ? Vous voyez que le sujet est illimité.[18]

Les représentants de la bêtise moderne seraient, selon Flaubert, documentés jusqu'à l'excès. Pourtant, rien ne semble moins caractéristique de son époque que ces personnages de Bouvard et Pécuchet, écrasés par les connaissances qu'ils amassent sans les comprendre, mais dont les efforts pour accumuler tout ce qu'ils apprennent sont tellement sincères et gigantesques qu'on ne peut se retenir d'éprouver à leur égard une certaine sympathie. Peut-être que ces personnages sont beaucoup plus proches de Flaubert qu'il ne le croyait, victime lui aussi de l'abîme dans lequel on s'enfonce lorsqu'on cherche à tout comprendre, et qu'on découvre que le savoir se dilue à force d'être multiplié.

Au 20e siècle, les auteurs qui poussent la recherche avec un soin extrême ne sont plus rares. On pourrait presque parler d'un nouveau genre romanesque, le roman érudit, regroupant des auteurs tels qu'Umberto Eco, Georges Perec, Michel Butor, Marguerite Yourcenar, Michel Tournier, Robertson Davies, Timothy Findley, Hubert Aquin,

Philippe Sollers, Michel Houellebecq. Dans leurs livres, l'érudition phénoménale se greffe de façon viscérale à l'anecdote, au point de la générer. Certains de ces auteurs parviennent à éviter l'hyperspécialisation contemporaine, pour renouer avec le bon esprit humaniste de Gargantua, et multiplier dans leurs œuvres des références à des domaines aussi variés que la science, la philosophie, l'histoire et la littérature (je pense par exemple à *L'île du jour d'avant* d'Eco, ou aux *Particules élémentaires* de Houellebecq). D'autres s'en tiennent à une matière historique ou littéraire, mais font de leurs personnages de véritables chercheurs, de leurs histoires, des quêtes qui se calquent sur les méthodes d'investigation universitaires : dans des romans comme *La nausée* de Jean-Paul Sartre, *Possession* d'A.S. Byatt, *La vérité sur Lorin Jones* d'Alison Lurie ou *Les anges rebelles* de Robertson Davies, la recherche universitaire alimente l'intrigue, soulève l'intérêt du lecteur et rend parfois héroïque le travail austère d'individus qui hantent les bibliothèques. D'autres auteurs enfin, tels Michel Tournier ou Hubert Aquin, créent de savants jeux de miroirs, alors que l'histoire racontée se reflète à même des mythes et des œuvres de référence largement cités, explicités, transformés, posés comme modèles, qui soutiennent les lignes directrices du récit. Dans tous ces cas, le lecteur ébloui a l'impression de partager ce grand savoir, d'ajouter au pur plaisir de lire celui de s'instruire, de circuler en présence d'un guide dans les méandres de connaissances qui, autrement présentées, donneraient le vertige.

James Joyce est sans aucun doute l'auteur du 20e siècle qui a maintenu le rapport le plus singulier avec l'érudition. Contrairement à la majorité de ses semblables, il ne s'est pas contenté d'enrichir ses romans de ses recherches, d'exposer à tous des connaissances laborieusement acquises et qui soulèvent l'admiration. Dans un jeu audacieux et très complexe, il a plutôt choisi d'intégrer ses connaissances en complicité avec le lecteur, qui aura la tâche de les débusquer là où elles se dissimulent, de les saisir derrière les signes énigmatiques qu'il nous envoie, d'établir les liens qui ont guidé son processus créateur et dont il a soigneusement effacé les traces. Inutile de dire que le travail de lecteur devient particulièrement exigeant, voire surhumain, et que seuls les individus ayant une culture à la fois aussi grande et identique à la sienne pourraient parvenir d'eux-mêmes à décoder son propos dans sa totalité. Dans *Ulysse*, par exemple, comment un lecteur, même très intelligent et perspicace, pourrait-il saisir les allusions multiples, et parfois quasiment perverses, ou audacieusement détournées, à *L'Odyssée* d'Homère, qui servent pourtant de fil conducteur au récit ? Comment apprécierait-il les pastiches innombrables des différents styles d'écriture et surtout ceux de tant d'écrivains anglais, dont plusieurs demeurent méconnus ? Comment identifierait-il, entre autres, les quatre-vingt-seize figures de rhétorique utilisées dans le seul chapitre VII ? *Finnegans Wake* offre au lecteur un défi encore plus considérable : Joyce a mis dix-sept années pour peaufiner ce roman hermétique à l'extrême, au lexique délirant, qui va puiser dans pas moins de dix-neuf langues, dont l'ourdou, le finnois, le tibétain, le vieux slave, qui s'alimente en plus de néologismes, d'onomatopées et d'archaïsmes.

Le lecteur cherchant à apprécier *Ulysse* à sa juste valeur devra donc se procurer un véritable mode d'emploi, un ouvrage savant, écrit par un exégète érudit, qui lui-même s'est longuement plongé dans l'œuvre de Joyce, s'est penché sur les explications de l'auteur ainsi que sur celles élaborées par d'autres spécialistes, qui l'accompagnera dans sa lecture, à travers le labyrinthe conçu par Joyce. Le roman ne se suffit plus à lui-même, l'érudition s'égare dans la cabale et nécessite qu'un initié déchiffre ses énigmes.

Au nom de la modernité, d'une expérience des extrêmes, de cette passion d'explorer un territoire complètement vierge, Joyce a fait, avec *Finnegans Wake*, le sacrifice de ses lecteurs. L'exploit en est aussi grand que l'hermétisme de l'œuvre qui en résulte ; l'érudition et le mystère deviennent une fin en soi, ils se maintiennent comme tels, bien au-delà du sens et de la littérature. On comprend que peu d'auteurs aient osé suivre ses traces.

Avec *La vie, mode d'emploi*, on pourrait peut-être considérer Georges Perec comme un des successeurs les plus originaux de Joyce. Son gigantesque roman, qui raconte la vie des habitants d'un immeuble parisien, pourrait se voir comme une succession d'histoires plaisantes, beaucoup plus accessibles que ce qui est raconté dans *Ulysse*. Pourtant, un « mode d'emploi », auquel Perec fait subtilement allusion dans le titre, reste nécessaire pour comprendre les véritables intentions de l'auteur, qui a lui aussi construit son récit en assemblant des pistes secrètes. Devant une telle somme, il a jugé nécessaire d'expliquer en détail sa démarche, dans des écrits connexes que plusieurs spécialistes se sont empressés d'analyser. Le principe demeure donc semblable : cette érudition si particulière dans sa façon d'être transmise, commune à Joyce et à Perec, intégrant aussi bien le pastiche, les prouesses littéraires que les connaissances pures, contribue à créer des énigmes, donne à des mages la tâche de les résoudre et laisse le lecteur en plan.

Au-delà de Joyce et de son cercle d'admirateurs, Jorge Luis Borges, qui n'a pourtant pas écrit de romans, a incarné mieux que personne la figure de l'écrivain lettré et érudit. Cet auteur, dont l'influence a été considérable, a sans aucun doute intégré l'érudition dans son œuvre de la façon la plus complexe, la plus originale et la plus troublante qui soit. C'est que Borges, irréprochable savant, homme de lettres éblouissant, se complaît aussi à séduire le lecteur, à l'amener en territoire connu, à l'alimenter de données vérifiables, puis à le tromper, à le glisser subrepticement dans des labyrinthes au sein desquels il devient de plus en plus difficile de distinguer le vrai du faux. Borges maîtrise mieux que personne la mystification, la création de faux, l'usage de citations fictives. Avec lui, l'érudition se double de la possibilité d'inventer d'indétectables mensonges, et cette incapacité que nous éprouvons le plus souvent à repérer les pièges qu'il nous tend nous fait prendre conscience non seulement de notre ignorance, mais surtout de l'insondable démesure de ce que nous ne pourrons jamais savoir.

Je ne connais d'ailleurs aucun auteur qui ait si clairement associé la connaissance à la notion de l'infini. Le savoir s'accroît, cela va de soi, par le nombre d'humains qui apparaissent sans cesse sur notre planète, par les productions des hommes qui se multiplient, il s'étend suivant les limites de la science et celles de l'univers, qui reculent sans cesse. Borges s'est amusé à concevoir des nouvelles allégoriques qui lui permettent de rendre compte à la fois d'un sentiment d'impuissance face à l'impossibilité de tout savoir, doublé d'une pulsion qui crée une forme d'accoutumance et oblige ses personnages à chercher toujours plus, même s'ils ne trouveront rien. Dans sa nouvelle « La bibliothèque de Babel », Borges a fait de l'univers une bibliothèque sans fin, symétrique et organisée comme la connaissance, mais insondable, inépuisable, en proie aux obsessions des humains qui cherchent, parce que cela est nécessaire, à s'approprier l'insaisissable.

Cette bibliothèque est « totale », « ses étagères consignent toutes les combinaisons possibles des vingt et quelques symboles orthographiques (nombre, quoique très vaste, non infini), c'est-à-dire tout ce qu'il est possible d'exprimer dans toutes les langues ».[19] Puisque tout est écrit, il est alors possible d'envisager l'explication des plus grands mystères : « On espérait aussi, vers la même époque, l'éclaircissement des mystères fondamentaux de l'humanité : l'origine de la bibliothèque et du Temps. »[20] Peine perdue ; les humains les plus acharnés s'épuiseront dans leur quête. Vient alors un autre espoir, celui de trouver « un livre qui est la clef et le résumé parfait *de tous les autres* ».[21] Ce livre demeurera bien sûr introuvable. Borges osera tout de même lui donner vie dans une nouvelle publiée une trentaine d'années plus tard. Le livre magique, qu'il imagine dans cette nouvelle intitulée « Le livre de sable », a un nombre infini de pages et s'ouvre chaque fois à une page différente. Ce livre produit un tel effet sur le narrateur que ce dernier en devient littéralement prisonnier et qu'il ne peut s'en libérer qu'en le camouflant parmi les centaines de milliers de livres de la Bibliothèque nationale.

Peut-être Borges a-t-il préfiguré le réseau Internet par son « livre de sable ». Mais dans cette nouvelle, ainsi que dans « La bibliothèque de Babel », il nous a surtout fait vivre l'angoisse, la passion et les frustrations de ceux qui s'engagent à leur corps défendant dans la grande course à la connaissance.

L'IMPOSTEUR ET LE SPÉCIALISTE

Dans *Hedda Gabler*, Ibsen nous présente le personnage d'un écrivain à la fois inspiré et débauché, Ejlert Loevborg, qui parvient à écrire son chef-d'œuvre grâce à un amour rédempteur, au soutien infaillible d'une femme qui le rescape de l'enfer. Cet homme est opposé à Joergen Tessman, le mari d'Hedda Gabler, un chercheur sans talent, chargé d'études sur l'histoire de la civilisation, appelé à un brillant avenir universitaire. Hedda a plusieurs reproches à adresser à son époux, mais ce qui lui semble le plus insupportable est son travail de spécialiste : « [...] il trouve qu'il n'y a rien de plus délicieux que de fouiller dans les bibliothèques. Et de rester assis à copier de vieux parchemins... ou je ne sais quoi de ce genre.»[22] Elle ajoute que les spécialistes « ne sont pas du tout amusants en voyage »[23], qu'elle n'en peut plus « d'entendre parler de l'histoire de la civilisation du matin au soir »[24]. Hedda Gabler est un personnage d'une remarquable cruauté, on peut comprendre le détachement et l'amertume de ses propos. Pourtant, il n'est pas difficile de voir à travers la pièce d'Ibsen une fable postromantique qui illustre la spontanéité du génie, sa capacité de créer, en dehors des cercles académiques et universitaires, une œuvre qui transcende le travail poussif et sans imagination des spécialistes. Ironie suprême de la pièce : le médiocre Tessman sera saisi d'un véritable enthousiasme et trouvera un sens à sa vie lorsqu'il devra reconstituer l'œuvre de Loevborg détruite par sa femme, et dont la perte a été l'une des causes du suicide du grand artiste : « [...] mettre en ordre les papiers des autres... c'est précisément un travail qui me convient », prétend-il. Il prévoit même y consacrer sa carrière.

Nous retrouvons ici le lien trouble entre le spécialiste universitaire et l'écrivain marginal tel que décrit par John Saul et comme nous l'avons abordé plus tôt. Mais peut-être Ibsen a-t-il voulu surtout mettre en opposition le travail du créateur et celui du spécialiste, montrant que l'œuvre véritable ne se fait pas en colligeant à n'en plus finir d'innombrables données, mais en accumulant des risques qui amènent l'auteur à confronter ses pulsions de vie et de mort, à raconter ce qu'il a tiré d'expériences troublantes. En fait, la création littéraire est à mon avis quasiment incompatible avec la spécialisation. Et à notre époque d'hyperspécialisation, les écrivains demeurent peut-être parmi les rares généralistes. Voilà pourquoi on les apprécie, voilà aussi pourquoi on s'en méfie.

Plusieurs écrivains donnent à leurs émules le conseil de parler de ce qu'ils connaissent ; le récit ou les expériences poétiques, enrichis par le vécu de l'auteur, s'incarnant dans une réalité immédiate, créeront une impression de crédibilité et donneront à l'œuvre nouvelle une indispensable authenticité. Les écrivains, dans la plupart des cas, ne peuvent s'en tenir là. Ils doivent planer au-delà de leur vie, au-delà de leur spécialisation – s'ils en ont une – pour explorer l'invention folle, ou la projection fantasmatique dans d'autres lieux, avec des personnages variés. Cela vaut tant pour la prose que pour la poésie. « Je est un autre », disait Rimbaud, conscient que derrière le moi du poète se cachait un être de pure imagination. L'émancipation face au savoir est totale lorsque les auteurs inventent des histoires qui existent seulement dans des mondes imaginaires, comme dans les contes de fées, les nouvelles fantastiques ou les romans de Kafka : rien n'oblige ces écrivains à respecter une quelconque fidélité à la réalité ; tout devient possible, plus rien n'a besoin d'être vrai – Kafka a d'ailleurs écrit un émouvant roman intitulé *L'Amérique* sans avoir mis un pied sur ce continent et sans avoir cherché à en rendre la réalité. Mais dès que l'auteur a un moindre souci de réalisme, il doit adjoindre à son travail d'écriture une véritable activité de recherchiste.

L'écrivain spécialiste peut alors créer un roman dont l'action est relative au domaine qu'il connaît si bien – on pense entre autres à Umberto Eco, spécialiste du Moyen Âge qui a écrit un roman majeur sur cette époque, *Le nom de la rose*. Mais il fera rapidement le tour du jardin ; s'il tient à concevoir une œuvre élaborée et diversifiée, il devra élargir son univers et entreprendre ce que font la très grande majorité de ses collègues : une recherche plus ou moins nourrie, selon les besoins de l'histoire, une recherche qui se base sur des travaux de spécialistes ou de généralistes, et qui le fera sortir de son ignorance. Le besoin de savoir des écrivains est illimité. Pour donner de la vraisemblance à leurs intrigues, ils doivent s'intéresser à des sujets aussi variés que les médicaments, les préparations de poisons, les grandes entreprises, les prisons, les sectes religieuses, les tribunaux, la police, les sociétés d'espionnage, l'organisation des mafias, le fonctionnement de la Bourse, la fabrication des instruments de musique, des avions, des bijoux, des œuvres d'art, la géographie de telle ou telle capitale, la survie en forêt, en montagne ou dans le désert, etc. Ils doivent parvenir à se mettre dans la peau des personnages les plus variés, des gens qui bien souvent n'ont rien à voir avec eux, des meurtriers, des reines, des hommes d'affaires, des junkies, des flics corrompus, des compositeurs, des chercheurs spécialistes, des imbéciles, des citoyens de toutes les origines. Dans tous ces cas, leurs impressions seront empruntées et leur savoir, infiniment moindre que celui de la personne qui a véritablement vécu la situation décrite, ou du spécialiste qui a écrit un ouvrage important sur le sujet. L'écrivain est donc un suprême ignorant, un imposteur, celui qui ne se mouille pas dans la recherche, qui reprend constamment les travaux des autres, en étant le plus souvent incapable d'élaborer les nuances nécessaires pour comprendre les choses en profondeur, qui malaxe des connaissances nouvellement acquises, les digère pour ses lecteurs, les retransmet parfois avec naïveté, parfois avec un souci du détail et de la précision qui lui fait honneur, mais le plus souvent en les transformant par son jugement subjectif, son ingénuité, ou, tout simplement, en les adaptant aux nécessités de son propos.

Pourtant, beaucoup de lecteurs sont impressionnés, à juste titre, par la façon dont un auteur réussit à dépeindre un milieu qui lui est extérieur, bien souvent avec une justesse remarquable, avec une complexité d'approche, un sens de la nuance que l'on ne retrouve pas dans les ouvrages scientifiques. Ils s'étonnent de tel ou tel personnage, magnifiquement rendu, si vrai qu'on y croit instantanément, qu'on a même l'impression de l'avoir connu, alors que l'auteur n'a jamais vraiment fréquenté le milieu dans lequel évolue sa création. On accorde aux auteurs une intuition remarquable, une connaissance innée de la psychologie, un sens de l'observation qui dépasse celui de leurs semblables. On se demande comment ils ont conçu une telle illusion de la vérité.

Peu d'auteurs se sont prononcés sur le sujet. Et lorsqu'ils décrivent leur processus créateur, leurs explications nous laissent le plus souvent insatisfaits. Zola, par exemple, dans *Le roman expérimental*, présente une méthode de travail simple et efficace que l'auteur n'a qu'à suivre pour arriver à un résultat satisfaisant :

> Quand ils ont étudié avec un soin scrupuleux le terrain où ils doivent marcher, quand ils se sont renseignés à toutes les sources et qu'ils tiennent en main les documents multiples dont ils ont besoin, alors seulement ils se décident à écrire. Le plan de l'œuvre est apporté par ces documents eux-mêmes, car il arrive que les faits se classent logiquement, celui-ci avant celui-là ; une symétrie s'établit, l'histoire se compose de toutes les observations recueillies, de toutes les notes prises, l'une amenant à l'autre, par l'enchaînement même de la vie des personnages, et le dénouement n'est plus qu'une conséquence naturelle et forcée.[25]

Obnubilé par le positivisme et les progrès de la science, Zola en vient curieusement à nier le travail de l'imagination pour faire de ses romans une conséquence logique et « naturelle » des recherches qu'il a entreprises. Lorsque dans son émouvante autobiographie, *Le monde d'hier*, Stefan Zweig aborde la question de son écriture, il ne mentionne en rien comment il a réussi à concevoir ses personnages d'une bouleversante justesse psychologique et souvent très différents de lui-même ; tout selon lui se ramène à une question de méthode, à sa capacité d'élaguer, d'éliminer toute longueur, à un « perpétuel lâcher de lest, une concentration et une clarification perpétuelles de l'architecture interne »[26]. Ses personnages quant à eux nous échappent dans leurs mystères et leur vérité. Il en va ainsi de nombre d'écrivains qui ont tenu à nous révéler les secrets de leur travail.

Comme on l'a parfois souligné, l'une des réflexions les plus pertinentes sur le sujet provient non pas d'un poète ou d'un romancier, mais de Stanislavski, un auteur qui ne s'est pourtant jamais adonné à la création littéraire, mais qui s'est beaucoup questionné sur l'effet de réel dans le domaine du théâtre. Stanislavski s'intéresse bien sûr au travail de l'acteur, mais certains aspects de son discours s'appliquent très bien au processus créateur de l'écrivain, surtout lorsqu'il est question de trouver la vérité du personnage et de développer l'imagination. Dans *La formation de l'acteur*, Stanislavski souligne à plusieurs reprises l'importance de « *s'observer soi-même* ». Il admet d'abord la difficulté de se multiplier à travers de nombreux personnages :

> Pensez-vous que l'acteur va imaginer toutes sortes d'impressions nouvelles, ou même s'inventer un caractère différent pour chacun de ses rôles ? Combien d'âmes devrait-il avoir ? Comment pourrait-il arracher la sienne pour lui substituer celle d'un autre ? On peut emprunter un manteau, des bijoux, n'importe quel *objet*, mais on ne peut prendre à un autre ses *sentiments*.[27]

L'écrivain, pareil à l'acteur, doit trouver en lui sa vérité propre, la projeter comme dans un jeu à travers des personnages multiples qui sortent des mille et une facettes de sa personnalité. La méthode de Stanislavski pour développer l'imagination de ses acteurs se base sur un procédé très simple, mais inépuisable :

> Vous savez tous maintenant que nous devons aborder une pièce en commençant par le *si*, qui sert de clef pour nous faire passer de la vie de tous les jours dans le domaine de l'imagination. La pièce, les personnages sont une invention de l'auteur, toute une série de suppositions, de *si*, de circonstances imaginées par lui.[28]

Cette manière de procéder stimule au plus haut point l'imagination, par un puissant effet de suggestion, et donne à l'acteur ce « sens du vrai » qui demeure la base de l'esthétique théâtrale de Stanislavski. L'acteur parvient à reproduire avec justesse des « choses qui n'existent pas réellement mais qui pourraient arriver »[29], et, à force de « puiser dans la mémoire affective », il réussit à créer un monde qui fascine le spectateur. Le « si » devient le jeu de tous les possibles, mais balisant l'imagination des signaux de l'expérience, donnant aux extrapolations un cadre toujours rigide et reconnaissable, ramenant tout aux lois domestiques de l'observable. On connaît les importantes répercussions des théories de Stanislavski tant sur le théâtre du 20ᵉ siècle que sur le cinéma américain. Son réalisme rationnel et pragmatique, devenu une référence majeure, a permis une correspondance immédiate entre le théâtre et la vie, a rendu l'art vibrant, précis, troublant miroir tendu vers nous dans un silence inquiétant, qui place les œuvres au-delà de la morale, tout en les rendant à la fois familières et dérangeantes.

Le *si* de l'acteur, devenu tellement nécessaire pour incarner l'imaginaire d'un dramaturge, est le même que celui de l'écrivain ou de l'enfant qui se crée des rôles. Il faut voir le visage d'une petite fille ou d'un petit garçon se transformer lorsqu'ils entrent dans la peau d'un personnage qu'ils inventent, bandit, extraterrestre, princesse, docteur, super héros ou héroïne tragique ; il faut entendre les didascalies qu'ils glissent généreusement pour justifier leurs divers comportements, le plus souvent en faisant un large usage du conditionnel. Balançant entre la transe et la logique justificatrice de leurs gestes, ils assistent, émerveillés, à leurs propres histoires. L'écrivain ne procède pas autrement. Mais il enrichit le jeu de toutes ses expériences, des livres qu'il a lus, des observations multiples sur les gens qu'il a collectionnées avec soin. Il appuie son récit sur la logique, sur une recherche plus ou moins grande selon sa familiarité avec le sujet abordé, recherche qui lui permet de justifier ses différents choix. Puis, grâce à la magie du *si*, telle qu'expliquée par Stanislavski, emporté par son imagination, il se projette à travers de multiples personnages dont la vérité vient de ce qu'ils réagissent exactement

comme lui s'il s'était retrouvé dans la même situation ;
par le phénomène de transe, relié à une écriture emportée,
concentrée, enthousiaste quoique souvent douloureuse,
l'histoire s'emballe, les personnages imposent leurs propres destinées et l'illusion de vérité s'installe tout simplement, à la fois mystérieuse, évidente, envoûtante…

L'ambition des écrivains dépasse la simple volonté de
rendre compte de la réalité avec relativement de justesse.
Beaucoup d'entre eux cherchent, avec plus ou moins
d'acharnement, à « savoir ce qu'est l'âme », à comprendre
« comment se forment les idées », à « voir le bout des
choses ». Ces mots sont ceux que Voltaire utilise à la fin
du conte *Micromégas*[30], dans lequel il raconte la visite sur
Terre de deux philosophes venus de planètes lointaines. Le
premier, Micromégas, originaire d'un satellite de l'étoile
Sirius, mesure huit lieues de haut, tandis que son com-
pagnon, un « nain » de Saturne, s'élève tout de même à
mille toises de haut. Sur Terre, ils ne voient d'abord personne tant les habitants de notre globe sont minuscules.
Puis ils découvrent à la suite d'un heureux hasard un
bateau transportant des savants revenant d'un voyage
d'exploration dans le cercle polaire. Les deux étrangers,
dont le savoir et la sagesse sont proportionnels à leur taille
gigantesque, s'étonnent que des êtres aussi petits que les
Terriens – Voltaire les qualifie de substances méprisables,
d'atomes, d'animalcules, de petites mites, d'insectes invi-
sibles – puissent avoir des connaissances scientifiques
très précises, mais aussi, que « ces infiniment petits puissent avoir un orgueil infiniment grand »[31]. L'auteur fustige
les prétentions des philosophes de vouloir expliquer

l'inexplicable, il se moque de leur tendance à se perdre dans des débats stériles, à inventer des systèmes complexes et parfaitement réfutables : « [...] nous sommes d'accord sur deux ou trois points que nous entendons, et nous disputons sur deux ou trois mille que nous n'entendons pas »[32], affirme l'un d'entre eux. Voltaire se moque, en quelques boutades bien tournées, des conceptions d'Aristote, de Descartes, de Leibniz, de Malebranche, et surtout de saint Thomas, le plus ridicule d'entre tous, pour avoir osé penser que l'univers tout entier était fait uniquement pour l'être humain.

Un seul philosophe échappe aux sarcasmes de Voltaire, Locke, dont le partisan dans le conte énonce la vérité suivante :

> Je ne sais pas comment je pense, mais je sais que je n'ai jamais pensé qu'à l'occasion de mes sens. Qu'il y ait des substances immatérielles et intelligentes, c'est de quoi je ne doute pas ; mais qu'il soit impossible à Dieu de communiquer la pensée à la matière, c'est de quoi je doute fort. Je révère la puissance éternelle ; il ne m'appartient pas de la borner : je n'affirme rien ; je me contente de croire qu'il y a plus de choses possibles qu'on ne pense.[33]

Les doutes de ce personnage, la prudence qui l'incite à penser selon ses sens rejoignent bien sûr la propre réflexion de Voltaire, qui appelle à la prudence, voire à l'abstention lorsqu'il s'agit d'aborder les sujets qui nous dépassent. Le cadeau du sage Micromégas aux humains sera d'ailleurs un livre tout blanc.

Il est curieux de constater que Voltaire, lui-même qualifié de « philosophe », se complaît dans une telle charge non seulement contre la pensée de ses semblables, mais contre la pertinence même de leur travail. C'est donc qu'il se situe en rupture radicale avec la tradition philosophique, et que l'appellation « philosophe » en ce qui le concerne doit être remise en question. La définition de ce terme, telle qu'elle apparaît dans l'*Encyclopédie*, dirigée par Diderot, nous éclaire quelque peu sur l'esprit du temps et sur l'idéal à atteindre pour l'individu cherchant à se distinguer intellectuellement. Selon Dumarsais, l'auteur de l'article, l'esprit philosophique en est un « d'observation et de justesse, qui rapporte tout à ses véritables principes » ; le philosophe est « un honnête homme qui veut plaire et se rendre utile », « qui agit en tout par raison, et qui joint à un esprit de réflexion et de justesse les mœurs et les qualités sociales »[34]. Il ne ressemble donc pas au créateur de systèmes ambitieux, prétentieux et souvent abscons tel que l'a présenté Voltaire dans *Micromégas*, mais devient l'homme des Lumières, rationnel, moral, proche de ses semblables, voire séducteur.

Cette définition quelque peu idéalisée ne rend certes pas compte de la pensée, des hésitations de Voltaire, qui sont celles de bien des écrivains. Le mystère de l'existence est là, bien présent, tracassant tous les êtres humains, appelant avec force des explications. Les philosophes de la tradition, par la voie de la métaphysique, ont élaboré d'audacieux systèmes qui tentent de rationaliser ce qui nous dépasse entièrement. Mais leurs explications sont nébuleuses, peu crédibles, elles tombent dans un dogmatisme rigide, et justifient l'injustifiable par un langage hermétique et des raisonnements fallacieux. Voilà pourquoi Micromégas offre un livre blanc aux humains ; voilà pourquoi Candide, après qu'il eut parcouru le monde en compagnie

de deux philosophes, qu'il eut été témoin des pires catastrophes, qu'il eut fréquenté tant la fortune que la misère,
se contente tout simplement de « cultiver son jardin ».
L'immensité de l'univers et de ce que nous ignorerons
toujours amène à une grande modestie, nous force à nous
concentrer d'abord et avant tout sur ce que nous pouvons
réellement connaître et changer.

Avant d'en arriver à cette conclusion, Voltaire nous a
fait vivre ses hésitations. Dans ses contes, qui demeurent
la partie la plus vivante de son œuvre, il nous présente des
personnages fragiles qui cherchent et s'interrogent, qui
sont ballottés dans un monde qu'ils ne parviennent pas à
contrôler, au sein duquel ils découvrent autant d'abomina-
tions, de cataclysmes, d'insoutenable cruauté que d'actes
de bonté et de véritable grandeur. Leur histoire est celle
des questions qu'ils se posent et des réponses qu'ils ne
trouvent pas. La majorité des grands écrivains ne racontent pas autre chose. Alors que la philosophie affirme, la
littérature s'interroge ; jamais elle ne parvient à situer avec
précision où se trouve la vérité.

Parmi les philosophes, nous l'avons vu, Voltaire semble accorder à John Locke une considération nettement
plus grande, quoique malgré tout mitigée. On pourrait
même voir dans le livre blanc de Micromégas la page
blanche que l'être humain dans son évolution remplit de
toutes les expériences de sa vie, tel que le prétend Locke.
Dans son *Essai sur l'entendement humain*, le philosophe
tente de circonscrire le champ de la connaissance, de voir
quelles sont les possibilités et les limites du savoir. Selon
lui, l'humain tire ses connaissances de ses expériences, de
ce qu'il peut percevoir par ses sens, des « observations que
nous faisons sur les objets extérieurs et sensibles ou sur les

opérations intérieures de notre âme »[35]. Cette conception empirique de la connaissance rejoint vaguement les propos de Stanislavski, selon lesquels le personnage ne peut se créer que si l'acteur va puiser profondément dans ses propres expériences. On comprend qu'elle ait pu plaire à l'homme de lettres Voltaire, puisque les écrivains, en bons généralistes, en incorrigibles intuitifs, ont comme principale référence l'histoire de leur propre vie, le champ multiple de leurs expériences, seules vérités sûres à leurs yeux, et dans lesquelles ils vont constamment puiser. Mais l'essai de John Locke ne se satisfait pas d'élaborer ces simples prémisses, qui amèneraient d'ailleurs à douter de tout et à entraîner ses disciples sur la voie de l'agnosticisme, plutôt que vers la croyance religieuse, qu'il professait. Incurable philosophe, Locke aligne les certitudes, polémique contre les cartésiens et les néoplatoniciens de l'école de Cambridge, décompose la pensée en de brillants envols, écrit un livre ambitieux qui deviendra lui-même objet de connaissance plutôt que l'ouvrage irréfutable, inattendu et impossible sur le sujet.

De tous les philosophes, Nietzsche me semble en fait celui dont la pensée et le travail se rapprochent le plus de celui des écrivains, celui qui aurait peut-être reçu l'approbation d'un Voltaire contemporain, en ce qui concerne la réflexion sur la connaissance. Nietzsche s'attaque à la métaphysique, à son idéalisme, son dogmatisme, ses prétentions à l'objectivité ; il se méfie des systèmes philosophiques, de leurs aspirations absurdes à vouloir cerner la vérité, à imposer cette vérité comme une matière logique et démontrable. Les philosophes, comme tous les êtres humains, demeurent liés au contexte dans lequel ils évoluent ; leurs systèmes sont des « actes personnels » conçus par

des êtres prisonniers de leur affectivité et de leurs points
de vue spécifiques sur les choses :

> Peu à peu j'ai appris à discerner ce que toute
> grande philosophie a été jusqu'à ce jour : la
> confession de son auteur, des sortes de mé-
> moires involontaires et qui n'étaient pas pris
> pour tels ; de même j'ai reconnu que les inten-
> tions morales (ou immorales) constituaient le
> germe proprement dit de toute philosophie.[36]

L'œuvre du philosophe échappe donc à ses intentions,
elle devient une confession inavouée, par laquelle l'auteur
ne peut s'empêcher de déterminer ses convictions morales, qui transparaissent inévitablement dans presque tous
les écrits des humains. Lou Andréas Salomé explique, à
propos de Nietzsche : « Il entrevit au sein du positivisme
une vérité qui lui avait échappé jusqu'alors : la relativité
de la pensée, et la nécessité de ramener toute connaissance rationnelle à la vie des instincts dont elle découle,
et à l'égard de laquelle elle demeure dans une sujétion ab-
solue. »[37] La vérité devient donc relative, aussi diversifiée
que les points de vue ; le grand chaos universel rend impossible toute interprétation du monde qui voudrait s'éri-
ger en dogme ; le philosophe se voit forcé de situer sa pensée selon une « perspective » qui l'engage à assumer son
entière subjectivité.

Lorsqu'il élabore cette théorie qui se situe au-delà de
tous les systèmes philosophiques, qui devient en quelque
sorte un métasystème, le seul incontournable, indiscuta-
ble, parce qu'il inclut sa propre réfutation et la rend inopé-
rante, Nietzsche a l'impression de découvrir une pensée
nouvelle et audacieuse. Sa disciple Lou Andréas Salomé

parle de « vérité qui lui avait échappé jusqu'alors », de
« découverte de la relativité de la pensée »[38], d'introduc-
tion du « scepticisme dans sa recherche de la connaissance », de « doctrine nouvelle »[39]. Pourtant, des siècles
de littérature avaient mis en pratique ces notions de relativité de la connaissance, tout écrivain ne parlant en
principe que de sa propre vision des choses, acceptée
dans sa totale subjectivité et ses multiples contradictions.
Les écrivains admettent non seulement leur impuissance
à porter des jugements objectifs sur la marche du monde,
mais ils s'amusent à masquer leurs prises de positions, à
inventer des jeux de miroirs qui multiplient, subdivisent
et parfois trahissent leurs pensées, par ces personnages
qui grouillent dans leurs œuvres, allant jusqu'à s'éman-
ciper de leurs auteurs. Face à l'assurance des métaphysi-
ciens, spécialistes de leurs propres systèmes, les écrivains
inventent des théories maladroites, hésitantes, futiles, ou
au contraire prétentieuses et péremptoires, des explications face aux mystères de la vie qui sont celles de tous
leurs personnages, de tous les humains. Cette cacophonie
d'explications – qui atteint un paroxysme dans un roman
comme *Les possédés* de Dostoïevski – permet à chacun
d'entendre un lointain écho de sa voix et de se sentir un
peu moins seul, ne serait-ce qu'au tournant d'une page,
ou à la lecture d'une réplique perdue qui deviendra, par
magie, pour l'individu qui la retrouve en lui, aussi riche
qu'un long traité.

La littérature présente une vérité insaisissable, sans
cesse mouvante, et les auteurs, lâches, imposteurs comme
toujours, dissimulés derrière leurs créatures, se défilent
constamment. Mais ils ont l'avantage sur les philosophes
d'être ceux qui ne se sont jamais trompés.

Le mensonge qui dit la vérité

J'avais un ami qui racontait avec un enthousiasme jamais démenti des histoires invraisemblables lorsqu'il revenait de voyage. Il se faisait inévitablement accuser de mentir. Il arrivait qu'un de ses compagnons de voyage se fâche et rétablisse la vérité. Alors je ne manquais jamais d'être déçu. Il me semblait que les mensonges et les exagérations de mon ami avaient été beaucoup plus intéressants que les rétractations de ses compagnons. Ses récits étaient tout simplement captivants, parfois très drôles, remplis de subtiles observations qui contrastaient avec un compte rendu grossier et caricatural de la réalité, ce qui ne manquait jamais de stimuler l'esprit. Si bien que je ne me questionnais jamais sur la véracité de ses relations. Seul l'*effet* comptait pour moi. Un effet qui faisait que je retirais davantage des invraisemblances qu'il racontait que de tous les autres récits de voyages qui collent banalement à une réalité le plus souvent prévisible.

D'abord, ses récits qui frappaient l'imagination agissaient davantage sur ma mémoire et développaient en moi un intérêt et une curiosité envers le pays qu'il m'avait décrit. Ses exagérations me rendaient sensible à certaines particularités du lieu visité, ce qui créait un véritable effet de distanciation provoquant en moi une réflexion critique. J'éprouvais – comme ses détracteurs d'ailleurs – un plaisir assuré à l'entendre et le rire que certains épisodes déclenchaient procurait une agréable sensation de détente. J'en apprenais enfin beaucoup sur mon ami, sur ses fantasmes, ses phobies, ses aspirations, ses désirs secrets, sa folie. À quoi bon alors départager la vérité du mensonge ? Je ne me concentrais que sur mon réel plaisir d'auditeur.

Le souvenir de cet ami ramène à l'esprit un petit essai d'Oscar Wilde intitulé *Le déclin du mensonge*. L'écrivain y fait la distinction entre le mensonge intéressé et désintéressé. Le mensonge intéressé, celui qu'on utilise pour en tirer profit, celui des politiciens, des escrocs, et de la propagande surtout, peut mener aux pires excès, de la simple exploitation d'un individu aux catastrophes qui ont bouleversé le 20e siècle et que Wilde n'aurait jamais été capable d'imaginer, et ce, dans sa pire humeur mensongère. Le mensonge désintéressé, « le seul qui échappe à toute critique », se développe dans « sa forme la plus pure » au moyen du « mensonge artistique ».

Wilde reproche justement à la littérature de son temps de cesser de mentir. Le courant réaliste qui sévit à l'époque, tant en France qu'en Angleterre, se contente de décrire une réalité triviale, alors que l'art doit forcément s'élever au-delà de la réalité. « L'art, usant de la vie comme matière brute, la recrée, la modèle, et avec une belle indifférence pour les faits, invente, imagine, rêve et dresse, entre elle-même et la réalité, l'infranchissable barrière du style parfait, du décor ou de la manière idéale. »[40] Fortement imprégné de la pensée symboliste, qui préfère l'artificiel au naturel, la suggestion à l'affirmation, le style à la réalité brute, Wilde demeure fidèle à l'esthétisme, mouvement qu'il a lui-même créé et qui se consacre au culte de la beauté. Avant lui, Huysmans dans *À rebours*, roman que Wilde admirait particulièrement, avait inventé un monde factice où son Des Esseintes, en mal de plaisirs raffinés, ne se satisfaisait que d'extravagances et de produits de l'imagination humaine qui stimulent les sens et éloignent les aristocrates de l'esprit de toute vulgarité.

Dans son unique roman, *Le portrait de Dorian Gray*, Wilde a superbement mis en pratique ce qu'il a toujours prêché. L'anecdote du roman est connue : bouleversé devant un magnifique portrait de lui, Dorian Gray, un jeune éphèbe, fait le vœu que le personnage peint vieillisse à sa place, que lui-même conserve l'éternelle jeunesse de l'œuvre d'art. Par miracle, son souhait est exaucé. Toute son existence devient alors un magnifique mensonge : il conserve son allure de jeune homme pur que la vie a à peine effleuré, tandis qu'il s'adonne allègrement aux plaisirs les plus malsains et à l'hédonisme le plus abject. Le mensonge vient surtout de ce que l'apparence ne correspond plus à la réalité même de l'individu, alors que pour Wilde, l'intériorité et l'extériorité sont viscéralement liées. « Il n'y a que les esprits légers pour ne pas se fier aux apparences. Le vrai mystère du monde est dans le visible, et non l'invisible… »[41], prétend lord Henry, l'alter ego de Wilde dans le roman. L'existence hypothétique de Dorian Gray, parfaitement improbable, en laquelle le lecteur croit malgré tout aisément, devient celle d'une véritable œuvre d'art, belle, attirante, mais aussi dérangeante, rebelle, sapant le consensus social dans son conformisme et ses valeurs étriquées. Oscar Wilde fait amende honorable en tuant son héros à la fin du roman et en donnant une portée morale à son histoire. Mais il nous a surtout fait goûter aux plaisirs déliquescents du mensonge, qui ont selon lui pour but de nous protéger d'un monde dont on ne veut plus voir la laideur.

Aujourd'hui, le culte de l'art pour l'art, la dévotion entière aux questions de style tels que le prône Wilde paraissent bien futiles et relèvent presque de l'inconscience, alors que les problèmes de société sont tellement visibles, que la misère – même celle des pays les plus éloignés – est largement exposée lors des journaux télévisés. Faut-il croire que le « mensonge artistique » ainsi que les œuvres littéraires qui choisissent courageusement de mentir perdent leur pertinence ?

Avec Cocteau – qui disait en parlant de lui-même : « Je suis un mensonge qui dit toujours la vérité » –, le mensonge artistique s'est découvert une nouvelle vocation : celle de dire la vérité. Le « mentir vrai » des écrivains est désormais devenu un lieu commun que l'on se doit de reprendre tant il révèle l'une des principales actions de la littérature. Tous les lecteurs le savent, les histoires inventées, comme les récits de voyage que racontait mon ami, ont cette faculté de dévoiler d'infinies subtilités de l'existence que ne parviennent pas à transmettre les comptes rendus les plus exacts d'une situation bien identifiée, les défilés de statistiques ou les enquêtes scientifiques minutieusement préparées. La littérature s'essouffle aux portes du vrai, là où commence la science ; la capacité de mentir de l'écrivain devient son mode de survie. Le mensonge de

l'écrivain demeure cependant très particulier dans son rapport avec la vérité : contrairement au vrai menteur, qui
cache une vérité qu'il connaît très bien par un énoncé faux,
qui tient à ce qu'on ignore qu'il ment, qui tire avantage de
sa duperie, l'écrivain ne protège aucune vérité. Il s'expose
comme un menteur, cherche à faire plaisir par ses affa-
bulations, doute autant qu'il affirme, ne sait pas toujours
où se situe la vérité, mais la fait surgir là où on ne l'attend
pas. Peut-être que le seul véritable savoir des auteurs consiste justement à élaborer des mensonges si séduisants
qu'on accepte spontanément d'y croire ? À moins qu'il
ne s'agisse là que d'un pur talent, ou peut-être tout simplement d'un vice…

Dans sa pièce *L'illusion comique*, Corneille joue un tour
astucieux à son public. Après moult péripéties, Clindor et
Isabelle, les jeunes premiers, parviennent à échapper à
tous ceux qui contraignaient leur amour et au mauvais
sort qui s'acharnait contre eux. Ils sont beaux, amoureux,
talentueux et l'avenir leur appartient. Le public en arrive
à la conclusion qui convient : ils seront heureux et auront
beaucoup d'enfants. Nous sommes à la fin du quatrième
acte. La pièce devrait se terminer ainsi. Mais le spectateur
découvre avec étonnement que Corneille a eu la mauvaise
idée d'ajouter un cinquième acte et que dans ce dernier
épisode, Clindor se transforme en libertin, trompe Isabelle
sans vergogne, au point qu'il provoque le sort et en vient
à payer de ses infidélités en se faisant poignarder au vu et
au su de tous. Le conte de fées dérive en cauchemar ;
Corneille trahit cruellement nos attentes les plus élémentaires. Puis la vérité est dévoilée : Clindor est bel et bien

vivant, Clindor et Isabelle sont toujours amoureux. Ils s'adonnent désormais à la carrière de comédiens ; l'horrible scène à laquelle nous avons assisté n'était que « la triste fin d'une pièce tragique » et les tourtereaux désormais « ravissent à Paris un peuple tout entier »[42].

Corneille a profité de l'ébahissement du public, de sa totale servilité face aux mensonges qu'on lui débite, et ce, pour la plus grande joie des spectateurs. L'habitude du mensonge est telle, le plaisir de se laisser mener par un auteur, si grand que le public en perd son attitude raisonnable. La trouvaille de Corneille était ingénieuse et ne pouvait vraiment être répétée, sinon par François Truffaut qui, dans son film *Le dernier métro* – portant d'ailleurs sur le théâtre –, a rendu hommage au grand dramaturge en reprenant le même procédé.

Il n'en reste pas moins que le fait d'introduire du théâtre dans le théâtre – ou un livre dans un livre –, effet de miroir cher au baroque, permet de réfléchir sur la création elle-même, sur les révélations qui agissent avec vigueur sur les personnages. Dans *Hamlet* de Shakespeare, le personnage éponyme cherche à démasquer son oncle, assassin de son père, en lui présentant une pièce qui raconte l'histoire du meurtre. Dans *Le véritable Saint Genet* de Rotrou, un comédien découvre en même temps sa foi et sa vocation de martyr en jouant le rôle d'un chrétien persécuté. Chez Shakespeare comme chez Rotrou, la représentation théâtrale a un effet catalyseur, la vérité brutale de l'œuvre littéraire confronte les personnages à ce qu'ils cherchent à éviter et les mène tout droit vers leur destin tragique. Dans ces œuvres, comme dans *L'illusion comique*, le mensonge littéraire est mis en perspective. La barrière entre le vrai et le faux n'est pas aussi visible qu'on le croirait et les auteurs entraînent leur public plus que leurs personnages à partager leurs incertitudes.

Dans *Paludes*, petit livre publié en 1893 et quasiment passé inaperçu, André Gide invente un nouveau jeu de trompe-l'œil entre fiction et réalité, entre vérité et mensonge, un jeu très ingénieux qui sera d'ailleurs repris plus tard par maints écrivains, dont Gide lui-même, avec son roman *Les faux-monnayeurs*[43]. Gide raconte l'histoire d'un auteur qui entreprend d'écrire *Paludes*, un récit qui emprunte à Virgile son personnage de Tityre, des *Bucoliques*, pour en faire un être stagnant, improductif, satisfait de sa médiocrité. Avec ce personnage qui se réjouit de son malheur, qui ne poursuit aucune quête puisqu'il se considère heureux, le narrateur parvient mal à esquisser un récit convaincant ; il soumet constamment son personnage à des amis ou à des littérateurs qui lui reprochent la nature consternante de son sujet. Lui-même parvient mal à se justifier et change constamment d'avis sur son personnage. Le véritable *Paludes* – le livre qu'a en main le lecteur – devient alors celui qui s'écrit, qui montre un écrivain dans sa quotidienneté, éprouvant des difficultés à poursuivre son histoire, s'inspirant constamment de ses proches et s'interrogeant sans cesse. Par les innombrables questions qu'il pose, par les réponses qui surgissent, multiples et changeantes, Gide soumet le lecteur à une véritable épreuve dialectique au bout de laquelle n'apparaît pas la vérité, comme l'envisageait Socrate, mais une série de nouvelles questions sans réponses. Devant les récriminations des littérateurs qui examinent son sujet et qui lui reprochent ses nombreuses contradictions lorsqu'il essaie d'expliquer son livre, le narrateur ne parvient qu'à leur lancer ce cri du cœur : « Moi, ce que je veux ? Je veux finir

Paludes... »[44] Ce narrateur angoissé répond par une unique certitude, peut-être la seule certitude de l'écrivain face à tout ce qu'il ignore, celle de vouloir continuer à écrire.

Le véritable jeu de trompe-l'œil dans *Paludes* se trouve dans la réalité même du livre, publié par un éditeur renommé et que l'on peut se procurer chez les libraires compétents. Le livre *Paludes* étant bel et bien vrai, ne pouvons-nous pas en déduire que l'histoire de sa fabrication est tout aussi véridique ? N'en est-il pas ainsi de toutes ces mises en abyme qui ont suivi, de ces romans qui racontent l'histoire du livre en train de se faire ? Ce type d'ouvrages est peut-être celui qui donne le plus efficacement l'illusion de la vérité. Pourtant, l'illusion et le mensonge demeurent bel et bien au rendez-vous, et le lecteur, qui s'est procuré le livre dans la section « roman » de la librairie ou de la bibliothèque, n'en doute pas une seconde. Ou plutôt, ne se préoccupe pas vraiment de rétablir les faits. Dans *Paludes*, Gide s'amuse délicieusement à entretenir une certaine confusion : le narrateur anonyme, écrivain de bonne famille, n'est-il pas Gide lui-même ? Cette façon de travailler et de créer, qu'il nous décrit largement, n'est-elle pas la sienne ? Cet Hubert, actif et sûr de lui, ami du narrateur, n'est-il pas l'écrivain Pierre Louÿs, ainsi que l'ont identifié plusieurs critiques ? À travers ces vérités voilées, seuls les mensonges nous sont vraiment confirmés : Gide n'a pas écrit une suite à *Paludes* intitulée *Polders*, il n'a pas eu d'amis aux noms correspondant à ceux que l'on retrouve dans son livre et les questions qu'il se posait à l'époque débordaient celles présentées dans l'œuvre. Comme dans tout roman, *Paludes* offre une série de reflets multipliés de son auteur, qui révèlent d'abord et avant tout – et c'est peut-être là où le livre devient encore plus original – la transformation à la fois subtile et complexe d'un homme par le livre qu'il écrit.

La littérature moderne aime beaucoup reprendre le procédé cher aux baroques d'introduire une œuvre dans une œuvre. Outre Gide dans le roman, on sait avec quel bonheur Pirandello a réfléchi à la manière toujours très subjective dont on aborde le personnage au théâtre.[45] Plusieurs auteurs, comme François Weyergans dans *Le radeau de la Méduse* ou Hubert Aquin dans ses romans, parviennent à reprendre ce procédé d'une manière inventive. Il est curieux de constater que bien souvent, le mensonge ne se reflète pas dans l'œuvre imaginaire qu'écrit le narrateur écrivain du roman dans le roman : le personnage écrivain interprète invariablement sa propre réalité, comme si les auteurs se trouvaient incapables d'inventer, ou comme si l'invention pure ne servait en rien à éclairer la psychologie du personnage et que la seule véritable voie de l'écriture était celle de l'autobiographie. Dans ces livres, l'écriture reflète inévitablement la réalité du personnage, qui ne peut s'empêcher de remplir son histoire de tout ce qui l'entoure, sans distance aucune, comme jamais l'auteur n'oserait le faire.

Dans sa pièce *Le vrai monde ?*, Michel Tremblay tombe dans ce piège. Le personnage principal, Claude, fait lire à sa mère sa première pièce de théâtre, qui reproduit avec une précision malsaine les relations entre les membres de sa famille. L'intrigue nous laisse croire que Claude a menti, qu'il a exagéré certaines situations, les a menées à bout, avec l'imagination perverse et détournée des véritables écrivains. Mais on découvre en dernier recours qu'il a bel et bien dit la vérité, qu'il n'a rien inventé, et que son œuvre soi-disant fictive a eu le même impact que celle dans *Hamlet* jouée devant le beau-père, qu'elle a fait ressortir d'une manière violente ce que tous tenaient à cacher. Michel Tremblay, par contre, en tant que dramaturge, n'est jamais vraiment tombé dans le piège autobiographique qui étouffe les propos de son personnage – à l'exception d'*Encore une fois si vous le permettez...*, pièce de maturité dans laquelle il s'engage franchement à raconter son passé et à rendre hommage à sa mère – ; il a su évacuer dans son théâtre une description trop précise de sa propre famille, préférant raconter d'audacieuses histoires inventées. La vérité sur Michel Tremblay dans *Le vrai monde ?* survient peut-être d'une manière inattendue. Par exemple, lorsque Claude dit : « J'ai toujours eu une grande facilité... à me glisser à l'intérieur des autres. À les sentir »[46], lorsqu'il explique dans le même passage sa démarche créatrice, il est clair que l'auteur fait allusion à sa manière d'aborder les personnages, à son extraordinaire disposition à faire vivre des personnages très différents de lui. Peut-être aussi nous est-il possible de voir dans les reproches de la mère qui accuse son fils de l'avoir trahie et surtout de l'avoir enlaidie, les échos de la condamnation des *Belles-sœurs* par son propre milieu, ou même de certains regrets face à la caricature grinçante et cruelle qu'il nous a offerte, dans plusieurs de ses pièces, des femmes qui ont marqué son enfance. Peut-être aussi que l'on préférera considérer le sacrifice de la pièce, brûlée par le père, comme le choc indispensable qui permettra enfin au jeune auteur de se libérer de l'autobiographie.

De nombreux écrivains se refusent carrément le privilège de mentir. Leur vie devient l'unique sujet de leur création, une vie explorée sous toutes ses facettes, transmise comme telle, par le biais de la franche autobiographie, ou à peine camouflée, dans des œuvres qualifiées de « romans », mais au sein desquelles l'auteur transparent se révèle avec plus ou moins de subtilité, et nourrit entièrement son intrigue de sa propre existence. La littérature entre dans ces œuvres à travers le style, par cette volonté de faire de la vie un roman, et par l'introspection, parfois exigeante, parfois complaisante et quelque peu exhibitionniste. Ces auteurs font le pari que la vérité peut devenir aussi intéressante que le mensonge. Certains sont aidés par un destin vraiment singulier. Mais ils demeurent plutôt rares. La plupart tentent de nous convaincre que leur vie vaut un pareil étalage ; les plus talentueux y parviennent aisément. Au tout début de sa magistrale autobiographie, Stefan Zweig fait part de ses hésitations à entreprendre un pareil ouvrage. Il a toujours été de ces écrivains menteurs, de ces observateurs perspicaces qui posent un regard sur leur entourage plutôt que sur eux-mêmes ; dans plusieurs de ses romans et nouvelles, il a transféré ses angoisses, ses obsessions et ses observations sur des personnages qui confiaient à un narrateur sensible et à l'écoute, très semblable à l'auteur, mais jamais clairement identifié, l'histoire la plus marquante de leur vie. Avec *Le monde d'hier*, il se lance dans une entreprise nouvelle pour lui, qu'il accomplit davantage par un sens du devoir que dans le but de se rendre exemplaire, se refusant d'ailleurs, comme pour se protéger, à se lancer dans un récit où il révélerait son intimité. Peu d'auteurs montrent tant de scrupules à parler d'eux-mêmes :

> Je n'ai jamais attribué tant d'importance à ma
> personne que j'eusse éprouvé la tentation de
> raconter à d'autres les petites histoires de ma
> vie. Il a fallu beaucoup d'événements, infini-
> ment de catastrophes et d'épreuves qu'il n'en
> échoit d'ordinaire à une seule génération, avant
> que je trouve le courage de commencer un livre
> qui eût mon propre moi comme personnage
> principal ou, plus exactement, pour centre.[47]

Zweig prétend avoir été amené à l'autobiographie par l'épreuve – non pas uniquement la sienne, avance-t-il avec modestie, mais celle de toute une génération. L'épreuve – et les leçons qu'on peut en tirer – reste, je le crois, la prin-cipale motivation à lever le voile sur soi-même. Il est ce-pendant intéressant de constater que les premiers auteurs de la littérature française à parler d'eux-mêmes avec une remarquable franchise, Montaigne et Rousseau, l'ont fait certes en conséquence d'une vie éprouvante, mais peut-être davantage en voulant lier l'expérience littéraire à une réflexion sur la connaissance.

La fameuse maxime de Montaigne, « Que sais-je ? », nous est familière. Montaigne explore dans ses *Essais* le champ de ses connaissances, constatant d'abord et avant tout ses limites, refusant de sombrer dans le piège du pré-jugé et de l'intolérance, et admettant bien avant Nietzsche le point de vue subjectif et limité de celui qui observe. Montaigne déteste les menteurs, bien sûr, puisque la re-cherche de la vérité et du savoir doit emprunter une route droite et claire, puisque celui qui l'entreprend doit com-battre le mirage et les déviances provoqués par les pas-sions. Montaigne avoue franchement sa haine du men-songe : « En vérité, le mentir est un maudit vice. Nous ne sommes hommes et nous ne tenons les uns aux autres que par la parole. Si nous en connoissons l'horreur et le poids, nous le poursuivrions à feu plus justement que d'autres crimes. »[48] Pour ne pas se tromper, il ramène son savoir aux « essais » ou expériences de sa vie, et adopte pour les raconter un « je » omniprésent qui lui permet de parler tant d'un savoir livresque que de celui qu'il a acquis dans sa vie publique et dans son existence d'homme confronté aux mêmes maux que tous ses frères humains, par exemple l'inquiétude provoquée par la mort, les ravages de la maladie, de la guerre, la folie des ambitions de ses semblables. Montaigne étonne d'abord, comme Stefan Zweig, par la modestie de son entreprise :

> Je ne fay point de doute qu'il ne m'advienne souvent de parler de choses qui sont mieus traictées chez les maistres du mestier, et plus veritablement. C'est icy purement l'essay de mes facultez naturelles, et nullement des acquises ; et qui me surprendra d'ignorance, il ne fera rien contre moy, car à peine respondroy-je à autrui de mes discours, qui ne m'en respons point à moy ; ny n'en suis satisfaict. […] Ce sont icy mes fantaisies, par lesquelles je ne tasche point à donner à connaistre les choses, mais moy.[49]

Mais son ouvrage n'en reste pas moins remarquablement ambitieux. Montaigne se prononce sur une étonnante quantité de matière, sur des sujets aussi variés que la philosophie, la sagesse, l'amitié, les cannibales, la justice, l'éducation, les voyages, la douleur, la mort, la liberté, l'histoire. Peu de penseurs auront couvert un prisme aussi large, aussi diversifié. Montaigne excuse à l'avance ses erreurs par l'imperfection de l'expérience : « Toutes choses se tiennent par quelques similitudes, tout exemple cloche, et la relation qui se tire de l'experience est tousjours defaillante et imparfaicte. »[50] Ramenant tout à lui-même, rappelant que chaque être humain est représentatif de tous les autres, il s'est accordé une immense liberté d'écriture, une liberté dont il a su user avec l'extraordinaire intelligence que lui a reconnue la postérité.

Alors que Montaigne se sert de sa propre expérience pour observer le monde, Rousseau ramène sa quête du savoir à lui-même, plongeant dans sa propre vie comme dans une matière nouvelle et fascinante. Le célèbre incipit des *Confessions*, si souvent cité, révèle à la fois l'ampleur de son projet et son insertion dans une « entreprise » unique, qui permettra à ses semblables de découvrir non plus un homme à l'image de tous les autres, mais un homme différent que l'on pourra étudier – grâce à son livre – comme un nouvel objet de connaissance :

> Je forme une entreprise qui n'eut jamais d'exemple et dont l'exécution n'aura point d'imitateur. Je veux montrer à mes semblables un homme dans toute la vérité de la nature ; et cet homme ce sera moi.
> Moi seul. Je sens mon cœur et je connais les hommes. Je ne suis fait comme aucun de ceux que j'ai vus ; j'ose croire n'être fait comme aucun de ceux qui existent.[51]

Le propos de Rousseau étonne à la fois par son courage et sa prétention quelque peu naïve. L'auteur a pris au sens propre le terme « confessions » et se livre au lecteur en repoussant plus loin qu'on ne l'avait jamais fait les barrières de l'intimité. Il s'acharne sur son cas avec passion, se révèle moins dans ses faits de gloire que dans ses comportements peu valeureux. La recherche du vrai a ses exigences, et en faisant le pari de se révéler « dans toute la vérité de la nature », Rousseau devait, afin de convaincre ses lecteurs de sa bonne foi, montrer la face cachée de sa personne, toutes les fautes nombreuses que normalement on choisit de taire. Dès le début du « labyrinthe obscur et fangeux » de ses confessions, il dévoile son âme dépravée de voleur ; un peu plus tard, il nous confie ses séances d'exhibitionnisme, alors qu'il se présentait aux femmes « dans l'état où il aurait voulu pouvoir être auprès d'elles », qu'il leur révélait non pas « l'objet obscène », mais « l'objet ridicule ». Il esquive toutefois ce qui demeure sûrement sa plus grande faute et l'un des prétextes qui l'aurait entraîné à écrire des confessions : l'abandon de ses cinq enfants aux Enfants-Trouvés.

On peut reprocher à Rousseau bien des défauts, celui de ne pas avoir vraiment dit la vérité, son sentiment de persécution, son attendrissement sur lui-même, son désir malgré tout de se montrer sous un jour favorable. Mais jamais un individu ne s'était publiquement dévoilé avec autant de sincérité, avec une intention aussi claire d'apprendre aux autres les faits qui ont marqué sa vie et sa conscience; au-delà de l'anecdote, et bien loin des exposés réfléchis de Montaigne, laissent place aux émotions brutes, soigneusement examinées, prises sur le vif dans leur plus pure réalité, parmi les objets de connaissance.

Rousseau a vu juste quand il prétendait réaliser une entreprise nouvelle. Mais jamais il n'aurait pu soupçonner la mesure de son erreur lorsqu'il affirmait qu'il n'aurait « point d'imitateurs ». Le philosophe a en fait ouvert d'énormes écluses, les autobiographies se sont faites légion, au point d'être devenues aujourd'hui un véritable genre littéraire. Casanova en suivant son exemple a fait un monument d'une vie anonyme quoique spectaculaire, annotée avec un soin remarquable et un grand souci de vérité. (Son ami et détracteur Da Ponte, lui aussi autobiographe, a exposé quelques « mensonges » de Casanova ; les altérations à la vérité que révèle ce lecteur obstiné semblent tellement insignifiantes qu'on ne peut qu'admirer la franchise conséquente du séducteur.) Puis a suivi Chateaubriand et ses *Mémoires d'outre-tombe*, tout aussi ambitieuses que les écrits de ses prédécesseurs. S'installent enfin au 20ᵉ siècle des spécialistes du genre, dont Michel Leiris, à la vie inépuisable, et Simone de Beauvoir, qui a raconté indirectement, et avec tant d'à-propos, la grande saga existentialiste.

Aujourd'hui, l'autobiographie triomphe et de nombreux auteurs ne craignent pas d'aborder les sujets les plus sordides, d'impliquer leurs proches dans leurs récits, de faire reculer infiniment plus loin que ne l'avait fait Rousseau les limites de la pudeur. Ces récits dans lesquels le narcissisme se mêle à la sexualité déviante et exacerbée attirent inévitablement l'attention des médias qui tablent sur la curiosité et le voyeurisme, si bien que les confessions, au-delà de leur sincérité, se transforment en bonnes affaires (ce qui permet alors à l'auteur de recevoir toute la sympathie que l'on éprouve envers ceux qui réussissent). Au-delà du questionnement éthique que ces expériences provoquent, peut-être faut-il s'inquiéter du sort d'une certaine forme de littérature.

Le paradoxe d'un mensonge qui dit la vérité, à la base même de toute justification de la littérature, semble moins compris que jamais. Je connais des lecteurs qui s'écartent de toute fiction et qui ne se tournent que vers les « histoires vraies », refusant de perdre du temps à entendre des mensonges. L'édition suit le mouvement et, phénomène relativement nouveau, s'emporte dans une véritable course à la vérité : les témoignages et les biographies – autorisées ou non – occupent les principaux rayons des libraires et deviennent aisément des best-sellers. Chaque héros du jour, chaque événement spectaculaire se voit confirmé par la parution d'un livre qui raconte rarement autre chose que ce qui est connu et se moule à la réalité sans jamais la transcender. Combien de romans et de films doivent leur popularité à l'étiquette « histoire vraie » qu'on leur a accolée et qui devient pour plusieurs une indispensable caution ? Beaucoup d'écrivains ne résistent pas à la tentation : ils font d'eux-mêmes l'unique sujet d'observation, dévoilant une intimité trop souvent banale, par paresse ou par manque d'imagination.

Parce que le mensonge, le mensonge désintéressé, imaginatif, celui qui dit la vérité, demande des efforts, force les auteurs à puiser en eux, à prendre des risques, entraîne le lecteur à découvrir de nouveaux univers, à s'interroger, à imaginer derrière les mensonges la vérité la plus subtile qui soit. Le mensonge littéraire ne permet pas au lecteur d'être voyeur, agréable sensation que nous avons tous éprouvée. Il exige qu'on réfléchisse à la fois au style, au récit et à l'auteur qui a tout inventé, qu'on comprenne la réalité à travers tout cela, à travers ces subjectivités superposées qui forment l'essence de la littérature. Si bien que le vrai roman, celui qui invente des histoires à partir de rien, celui qui ment du début à la fin, celui qui se nourrit d'effets de style, qui concentre et organise l'action, qui fuit une réalité poreuse pour en offrir une beaucoup plus subtile, fait parfois figure d'ovni dans la production livresque actuelle, souvent prisonnière d'une trop grande immédiateté.

Pourrions-nous parler aujourd'hui, en accord avec Oscar Wilde, d'un nouveau déclin du mensonge, beaucoup plus marqué, beaucoup plus inquiétant ? La réalité, toujours fuyante, ne se piège pas aisément dans les fidèles comptes rendus qu'on en dresse, peu importe la forme adoptée. Ainsi, pour mieux la connaître, avons-nous autant besoin du témoignage que du mensonge littéraire et ses jeux de miroirs.

Je n'ai plus de nouvelles aujourd'hui de mon ami le menteur dont j'admirais les délires et sa capacité à semer le doute, à faire croire à la vérité tout en la rendant improbable. Mais devenait-elle vraiment improbable ? La vie offre tant de surprises que rien parfois ne paraît improbable. Paul Auster en a donné la preuve dans son fameux *Carnet rouge*, dans lequel il révèle des coïncidences bel et bien réelles, mais tellement étonnantes qu'elles auraient semblé inacceptables dans un roman. Voilà où naissait le doute quand mon ami racontait ses histoires. Et voilà le curieux destin de l'écrivain menteur : peu importe ce qu'il invente, s'il évite la recette et le cliché, il verra toujours la réalité le rattraper, dévoiler l'improbable au moment où il s'y attend le moins.

La lecture condamnée

Berlin, 10 mai 1933. Des étudiants rassemblent un gigantesque tas de livres, en face de l'Université de Berlin, sur une place d'Unter den Linden. Défilant avec des flambeaux au cœur de la nuit tels les membres d'une secte morbide, ils mettent fin à leur procession en enflammant les livres comme un bûcher, pendant qu'on lance quantité d'autres livres qui entretiennent le feu. Partout en Allemagne, on persécute les livres comme jadis les sorcières, en les brûlant, ou en les clouant au pilori, littéralement, selon des usages inspirés du Moyen Âge qui renaissent dans ce qu'ils avaient de plus horrible. Les auteurs persécutés : les plus grands écrivains, bien sûr, ceux qu'on ne peut lire sans éprouver l'envie d'être libre, ceux qui scrutent l'âme humaine et jettent un regard à la fois lucide et critique sur ce qu'ils observent, des écrivains d'expression allemande, Thomas Mann, Stefan Zweig, Albert Einstein, Erich Maria Remarque, Arthur Schnitzler, Sigmund Freud, mais aussi des auteurs de langue étrangère, Gide, Proust, H.G. Wells, Zola, London. Ces autodafés ont été effectués avec une joie et une rage particulièrement inquiétantes : il fallait détruire ce patrimoine universel dans un geste spectaculaire, d'une beauté sordide, pour bâtir un monde nouveau dans lequel l'individu acceptait béatement de s'aliéner, de s'écraser – comme le disait sans ironie un Goebbels enchanté de pareilles manifestations – devant « les forces motrices de notre peuple »[52].

Les autodafés nazis, paroxysme de la haine des livres et des idées qu'ils transmettent, ne sont qu'une des manifestations que les régimes totalitaires ont lancées contre l'outil le plus vital à la libre pensée. Rien d'étonnant à ce que l'absolutisme soit associé à un contrôle du savoir. Devant un pareil acharnement contre eux, les écrivains n'ont eu de recours que fuir ou se taire, attendre que la vague de haine et le désir de contrôle absolu s'étouffent, au prix d'inacceptables souffrances. Les plus courageux d'entre eux ont mené un combat souterrain, au péril de leur existence.

Aujourd'hui, les livres ne sont plus menacés dans la plupart des pays occidentaux ; on cherche plutôt à les conserver, à les emmagasiner dans des bibliothèques toujours plus grandes, encore mieux équipées, on les accumule dans des mégalibrairies, en quantité telle que le lecteur égaré dans des rayons parvient parfois difficilement à faire ses choix. Plus personne ne parle de détruire les œuvres des grands auteurs, et si la lecture laisse encore beaucoup trop de gens indifférents, si les choix du public lecteur demeurent trop souvent désolants de facilité, le livre bénéficie, à quelques exceptions près, d'un respect généralisé rarement remis en question.

Peu importe le traitement réservé aux livres, on devrait s'attendre à ce que ceux qui les écrivent, les auteurs de tout acabit, les défendent avec acharnement comme une partie d'eux-mêmes. L'histoire l'a montré à plusieurs reprises : partout, l'ennemi peut poindre, et ce, aux moments les plus inattendus. Seules une parfaite solidarité des écrivains et une confiance totale en la validité de ce qu'ils écrivent devraient permettre d'assurer la pérennité des livres.

Il serait ainsi normal qu'ils utilisent à ces fins de défense les livres eux-mêmes et leur pouvoir de persuasion, dans un réflexe attendu de solidarité. Tel n'est pas le cas, si je me fie à nombre d'œuvres majeures qui abordent la question. Il semblerait plutôt que bien des écrivains s'acharnent contre les livres avec une forme de masochisme, ou encore pire, avec un orgueil peu commun, laissant entendre que seules leurs œuvres méritent une véritable attention. L'histoire de la littérature est jalonnée de livres qui dénoncent les méfaits de la lecture sur les âmes sensibles, l'influence déplorable d'œuvres vénéneuses ou la stérilité de l'évasion dans le rêve. Au pire alarmistes, au mieux délicieusement ironiques, plusieurs auteurs hésitent à reconnaître leur apport et voient même dans l'instruction, dans ce savoir acquis par des lectures, une matière à désœuvrement. L'abus de lecture rend malade, pauvre et désaxé, ainsi que se plaint le vieux savant Faust songeant à mettre fin à ses jours : « Ainsi n'ai-je ni bien, ni argent, ni honneur, ni domination dans le monde. Un chien ne voudrait pas de la vie à ce prix ! »[53] Rarement la lecture est-elle au-delà de tout soupçon. Si mal défendue par ceux qui devraient la prêcher, est-il surprenant qu'elle se trouve si souvent menacée ?

Déjà Platon, nous le savons, excluait les poètes de
sa République. La survie de la République exige que les
hommes soient braves et qu'ils ne craignent pas la mort.
Les poètes, qui donnent des enfers une vision terrible, et
qui, en plus, montrent des héros tels Achille et Priam pleu-
rant et se lamentant, ramollissent les âmes et affaiblissent
le guerrier. Tout le travail du poète est condamnable, tant
ses œuvres tragiques que comiques, puisque le rire est
aussi inadmissible que les plaintes. L'exclusion des poètes,
irrévocable, sévère, se justifie devant l'activité « nuisible »
de ces gens ; Platon soutient même que « plus ils sont
poétiques, moins il convient de les laisser entendre à des
enfants et à des hommes qui doivent être libres »[54]. Le philosophe prétend vouloir exclure le mensonge en même
temps que les poètes, puisque ce dernier doit servir uniquement aux chefs de la cité « pour tromper, dans l'intérêt
de la cité, les ennemis et les citoyens »[55]. Au-delà de cette
leçon de machiavélisme avant l'heure, il n'accepte pourtant des poètes que des mots qui relatent une vision partielle et idéalisée de la réalité :

> S'ils imitent, que ce soient les qualités qu'il leur
> convient d'acquérir dès l'enfance : le courage,
> la tempérance, la sainteté, la libéralité et les
> autres vertus du même genre ; mais la bas-
> sesse, ils ne doivent ni la pratiquer ni savoir
> habilement l'imiter, non plus qu'aucun des
> autres vices, de peur que de l'imitation ils ne
> recueillent le fruit de la réalité.[56]

Le travail du poète serait acceptable si cet artiste de-
meurait soumis aux besoins de la cité. Il est difficile ici de
ne pas faire le rapprochement avec la production des écrivains socialistes, sous l'égide de Staline et Jdanov, condam-

nés à écrire des œuvre exemplaires et à louer le régime. La cité de Platon a certes très peu à voir avec la dictature communiste, mais il est bien connu que la soumission des poètes équivaut à la mort de la poésie, ce que souhaitait peut-être l'intransigeant philosophe. Il est surtout intéressant de constater que les arguments de Platon contre les poètes demeureront ceux sans cesse repris par les ennemis des livres – censeurs, inquisiteurs, dictateurs ou autres : le public est fragile, et devant l'influence pernicieuse des livres, devant leurs discours inutiles, séduisants et dangereux, il ne peut que se laisser manipuler, laisser son esprit dévier, soumis comme par un chant de sirènes à des histoires pathétiques, indignes, terrifiantes, comiques, des histoires ayant surtout la tare de révéler le vrai visage des hommes et des femmes. Il faut donc protéger les lecteurs, et en même temps l'ensemble de la société, par un contrôle strict des livres et des auteurs, ou mieux, conclut logiquement Platon, en excluant tout simplement les auteurs de la bonne société.

Don Quichotte représente justement le cas navrant d'un de ces lecteurs influençables qu'on n'a pas su protéger et qui a payé de sa folie sa passion pour la lecture. Ce cas est d'autant plus navrant que l'hidalgo s'est nourri non pas de ces œuvres peu recommandables rejetées par les disciples de Platon, des ouvrages exposant des vices et développant des personnages vils, lâches ou tout simplement ordinaires, mais de romans de chevalerie, avec leurs héros purs, nobles, courageux, qui accomplissent en série des exploits exemplaires. Cervantes montre donc que même les œuvres édifiantes peuvent être dommageables pour l'individu oisif et trop sensible qui en abuse. Don Quichotte, l'esprit troublé, n'est pas victime de dégénérescence, mais d'abus d'idéalisme ; ses tares sont d'avoir un sens aigu de justice, une soif d'absolu, une volonté de redresser les torts, une ambition de s'attaquer au mal et à ses multiples incarnations, dans un monde banal qui n'a pas développé l'aptitude au rêve, avec ses paysans satisfaits, ses nobles blasés et moqueurs, ses gens pris dans les pièges de la plus triviale réalité. Le message n'en demeure pas moins limpide : la lecture peut constituer un danger pour les gens sensibles qui en abusent.

Cervantes se penche sur les sources du mal qui affecte son personnage. À la suite d'une première sortie désastreuse du chevalier, le curé et le barbier du village décident de s'attaquer à la bibliothèque de Don Quichotte, la cause de tous ses maux. Leur intention : faire un bûcher des livres fautifs. Tous les livres n'aboutiront cependant pas dans les flammes, puisque le curé n'est pas inquisiteur, loin de là ; en véritable critique littéraire, il lance ses anathèmes et condamne les romans non pas sur des questions morales, mais en tenant compte uniquement de la qualité propre des œuvres. Ainsi, le célèbre *Amadis de Gaule*, le roman qui a le plus certainement ébranlé la tête du pauvre Don Quichotte, trouve grâce auprès du barbier : « c'est le meilleur livre qu'on ait composé en ce genre ; et comme unique de son espèce, il faut l'épargner »[57] – ce que s'empresse d'approuver le curé. La perquisition, qualifiée d'« amusante », devient pour Cervantes un prétexte pour évaluer les romans de chevalerie dans leur ensemble, pour juger les différents auteurs qui abordent le genre. Le cas de Don Quichotte s'éclaire à la suite de la visite du curé et du barbier : l'homme a lu beaucoup trop de mau-

vais livres, s'est laissé bêtement subjuguer par les bons, et
demeure une rare exception, une rare victime d'un enthousiasme de lecteur trop poussé. Cervantes ne condamne
donc pas les livres, son regard amusé sur les choses et sa
sagesse d'homme qui se méfie des discours exaltés ne lui
auraient pas permis d'exprimer une opinion aussi lourde
de conséquences. Mais les subtilités de *Don Quichotte*
échapperont à ceux qui entendront parler du roman sans
le lire. Et plusieurs ne retiendront que l'avertissement
suivant : on peut devenir fou à force de lire.

Le jugement de Rousseau sur les livres s'exprimera
quant à lui sans nuances. Dans *Émile*, le philosophe mul-
tiplie les déclarations de guerre à leur égard : « la lecture
est le fléau de l'enfance » ; « Des livres ! Quel triste ameublement pour son âge » ; « Je hais les livres » ; « toujours les
livres ! Quelle manie ! » ; « J'ai donc refermé tous les livres.
Il en est un seul ouvert à tous les yeux, c'est celui de la nature »[58]. À son Émile, l'enfant idéal, Rousseau ne prévoit
donner aucun livre avant l'âge de douze ans, et si le garçon devenu adolescent se voit accorder la permission de
lire, il devra se limiter à une sélection très rigoureuse se
ramenant presque exclusivement à des livres d'histoire.
Aux livres seront associés les méfaits des passions éloi-
gnant l'homme de la nature et la suffisance stérile des philosophes. Pour cet homme convaincu que l'état de nature
est le plus pur et le plus vrai, que la société corrompt et
détourne l'être de sa bonté naturelle, le livre, incarnation
de la culture dans ce qu'elle a pourtant de plus noble,
devient l'objet insidieux qui détournera l'enfant de son
innocence.

Dans un passage particulièrement cocasse, pétri de
mauvaise foi, Rousseau montre comment un enfant ne

peut pas comprendre un texte aussi simple et exquis que
la fable *Le corbeau et le renard* de La Fontaine. Il reprend
chacun des vers du poème, expliquant les innombrables
difficultés de lecture pour un enfant :

> *Maître Corbeau, sur un arbre perché,*
> Maître ! que signifie ce mot en lui-même ?
> que signifie-t-il au-devant d'un nom propre ?
> quel sens a-t-il en cette occasion ?
> Qu'est-ce qu'un corbeau ?
> Qu'est-ce qu'un *arbre perché* ? L'on ne dit pas
> *sur un arbre perché*, l'on dit *perché sur un arbre.*
> Par conséquent, il faut parler des inversions
> de la poésie ; il faut dire ce que c'est que prose
> et que vers.[59]

La démonstration se poursuit ainsi jusqu'à la fin de la
fable, méprisant cette faculté des enfants de saisir le langage spontanément dans sa complexité et cette autre de
se voir stimulés par un message relativement complexe,
s'il parvient à les toucher et les amuser. Seul le roman
Robinson Crusoé échappe à la sévérité de l'éducateur. Le
héros de Daniel Defoe devient pour Émile l'un des rares
modèles à suivre, l'homme habile dans la nature, capable
de vivre sans contacts humains, habillé de peaux et portant un grand bonnet étant la seule créature livresque à
laquelle Émile devrait s'identifier.

Dans sa *Lettre à d'Alembert sur les spectacles*, Rousseau
s'attaque au spectacle, plus particulièrement au théâtre,
qu'il condamne sévèrement, ainsi que l'avait fait Bossuet
avant lui. Rien ne trouve grâce à ses yeux, ni les pièces
contemporaines, ni les tragédies des Grecs, de Corneille
ou de Racine, ni les comédies de Molière. Racine, par
exemple, ne montre que des jeunes gens « livrés à la ga-

lanterie, à la mollesse, à l'amour, à tout ce qui peut efféminer l'homme et l'attiédir sur le goût de ses véritables devoirs »[60]. Les personnages de théâtre, victimes de passions, peu souvent exemplaires, réussissent à séduire et attendrir le spectateur, et même si plusieurs d'entre eux deviennent de superbes contre-exemples, même si dans les pièces le crime est presque toujours puni, l'exposition de toute cette dépravation ne peut rien apporter de bon au public. Rousseau ne croit pas qu'un théâtre régi par de rigoureuses contraintes morales puisse exister : « Les lois n'ont nul accès au théâtre, dont la moindre contrainte ferait une peine et non pas un amusement. »[61] Il reconnaît qu'une histoire trop exemplaire serait ennuyeuse (peut-être pour l'avoir éprouvé dans son *Devin du village* !).

Le théâtre est d'autant plus immoral que ceux-là mêmes qui l'exercent offrent des exemples déplorables. Les mœurs corrompues des comédiens dégradent la pratique théâtrale qui devient encore plus problématique, et cette corruption généralisée est contagieuse. Il faut donc bannir le théâtre des « petites villes » comme Genève, où les gens ont des occupations saines et bonnes, et le laisser subsister dans les grandes villes où l'état de corruption est si avancé qu'il en devient un moindre mal.

Rousseau écrivain blâme les livres ; Rousseau dramaturge s'attaque au théâtre. Parmi toutes les contradictions qu'on lui reproche, celle-ci est de taille. On peut difficilement s'empêcher de se questionner, d'y voir une certaine naïveté, ou une très grande prétention ; comme si Rousseau croyait être le seul à avoir écrit l'œuvre juste, proche de la nature, digne d'être lue et échappant à ses propres anathèmes. Ironiquement, sans s'en rendre compte probablement, l'auteur adopte l'attitude de tous les autres philosophes, auxquels il reproche d'être « fiers, affirmatifs, dogmatiques » et dont le seul mérite, prétend-il, est de se moquer les uns des autres. Pourtant, peu d'auteurs de la tradition littéraire semblent aussi intransigeants que lui, aussi sûrs de leur propre vérité.

Ce que défend Rousseau semble si énorme, si aisément réfutable qu'il serait facile de considérer ses théories comme un accident fortuit et déplorable dans l'histoire des idées. De pareilles pensées subsistent malheureusement, depuis Platon, nous l'avons vu, depuis Wolfram von Eschenbach – qui se vantait, alors que le roman médiéval se trouvait en pleine effervescence, de ne savoir lire ni écrire, d'avoir conçu son immense *Parzival* sans avoir consulté un seul livre[62] –, jusqu'à ces auteurs contemporains qui décrient leurs semblables trop savants, croyant atteindre par leur vacuité et leur rejet de modèles reconnus une plus grande authenticité. Les écrits de Rousseau ont alimenté une tradition anti-intellectuelle toujours bien vivante. Selon plusieurs auteurs, trop de lectures éloignerait l'écrivain de ses émotions, provoquerait une coupure avec un public dont il faut flatter les instincts ; pour ces gens, le grand livre de la nature demeure encore la référence suprême, la seule source d'inspiration vraiment féconde, comme si notre vision même de cette « nature » n'était pas façonnée et comprise par ce que tous les êtres humains avant nous en ont dit et redit.

Si Rousseau semblait sincère dans ses condamnations, si la corruption qu'il dénonçait, chez les aristocrates surtout, était telle qu'elle allait provoquer chez les citoyens une colère insoupçonnée qui éclaterait hors contrôle lors de la Révolution française, il me semble voir dans le discours anti-intellectuel contemporain une forme de démission face au travail d'auteur, face à un art industriel qui triomphe d'une façon outrancière et qui provoque en conséquence une grande attraction, celle des vainqueurs et des favoris de la fortune. La paresse intellectuelle, le besoin de se sentir apprécié de tous, l'attitude de courtisan face aux médias et à ceux qui bâtissent les réputations motivent ce discours de la facilité particulièrement destructeur. Le bon sauvage en littérature vit encore très bien, porté par l'ignorance et la foi toujours vivante en la science infuse, en la grâce de l'écrivain naturellement doué. Avec les résultats déplorables que l'on peut imaginer.

Au 19e siècle, la condamnation des livres prend un virage plus subtil, plus complexe, relevant toutefois que les ambiguïtés des écrivains à propos de leur travail ne sont pas du tout résolues. Le romantisme marque le retour de Don Quichotte ; mais un Don Quichotte magnifié, noble, à la fois révolté et attendri sur lui-même, à l'assaut de l'ingratitude du monde, d'une bourgeoisie qui a perdu le sens du vrai et de la beauté. Le « mal du siècle », dont souffrent tant d'auteurs, provient de l'incompatibilité entre des idéaux élevés, acquis dans les livres, stimulés par l'épopée napoléonienne, et la médiocrité de la vie bourgeoise. Don Quichotte ne fait plus rire, il s'ennuie, s'émeut, se découvre de violentes passions pour de réelles Dulcinées. Il se glorifie de son inadaptation dont il est parfaitement conscient et qu'il considère comme une véritable maladie.

Stendhal a exprimé avec une belle ambivalence, dans *Le rouge et le noir*, l'attitude des romantiques face à l'exaltation procurée par les livres. Julien Sorel, le jeune héros du roman, n'a de considération que pour trois livres : *Les confessions* de Rousseau, le recueil des bulletins de la grande armée et le *Mémorial de Sainte-Hélène* de Napoléon. Le jeune homme « regardait tous les autres livres du monde comme menteurs, et écrits par des fourbes pour avoir de l'avancement »[63]. Comme Émile, il a grandi dans un environnement sain, proche de la nature, il a lu très peu de livres et a bénéficié – indirectement – des enseignements de Jean-Jacques. Il devrait donc être un garçon sain, épanoui, satisfait de sa destinée. Or, les trois livres énumérés plus haut, lus et relus avec presque autant d'enthousiasme que Don Quichotte avait parcouru l'ensemble de ses romans de chevalerie, ont produit des ravages considérables qui feront de lui un être tourmenté, inadapté, au destin tout autre que celui envisagé par Rousseau pour Émile. Stimulé par la gloire de Napoléon, préoccupé de lui-même comme Rousseau épanché sur ses souvenirs, il se rebelle contre le sort qui le voue à une vie médiocre et prévisible. Ses rêves inadaptés à sa condition et ses idées nobles le mèneront, on le sait, à subir une mort tragique.

Stendhal détourne d'une manière audacieuse les propos de Rousseau. Il fait la démonstration qu'une éducation selon les principes expliqués dans *Émile* peut produire des résultats contraires à ce que prônait le philosophe. Il montre aussi que l'exaltation résultant de la lecture – peu importe si les livres lus ne sont pas abondants – déprave les mœurs et mène l'individu à sa perte, que les livres mettent bel et bien en danger les âmes sensibles. Mais en nous présentant un personnage qui trouve inacceptable la médiocrité du monde, un jeune homme à l'esprit fécondé par la lecture, il a créé un être nouveau, fascinant, séduisant, révolté, vers qui se dirige toute la sympathie des lecteurs. Julien Sorel ainsi que ses frères Fabrice del Dongo et Lucien Leweun, inadaptés et héroïques, indéniablement romantiques, demeurent bel et bien des modèles de probité dans le monde en reconstruction au lendemain de la chute de l'Empire. En ce sens, à cause de la fine ironie dont relève la situation, l'héritage des livres n'a pas été aussi dommageable que Stendhal le laissait entendre.

Reprenant la thèse selon laquelle les lectures brouillent l'esprit, Flaubert crée une Emma Bovary gavée de lectures romantiques qui la transforment en être aussi inadapté que Don Quichotte. Contrairement à l'hidalgo qui a lu beaucoup de mauvais livres, l'héroïne de Flaubert s'est passionnée pour des auteurs respectables, la plupart d'entre eux associés au romantisme, tels Bernardin de Saint-Pierre, Walter Scott, George Sand, Lamartine. Ces lectures la plongent dans un état constant de neurasthénie, puisqu'elle ne parvient pas à concevoir que sa vie ne puisse être aussi belle que dans les livres. Flaubert condamne durement son personnage ; sa correspondance montre bien à quel point Emma le lassait, le désolait à cause de son manque d'envergure. Mario Vargas Llosa donne sur cette femme un jugement beaucoup plus nuancé, et à mon avis très juste :

> Pour cette petite femme extraordinaire capable de tromper les autres mais jamais de se tromper elle-même, le bonheur ne pouvait être que total, réunissant enfin ce qui a toujours été scindé tout au long de l'histoire : la réalité et le désir. Redonnant au corps, à l'instinct, le droit de cité qui leur fut refusé au nom de

> principes réputés supérieurs – ceux de la rai-
> son et de l'esprit.
> Dans sa lointaine bourgade normande, d'une
> façon obscure, Emma se révolte contre des
> siècles d'histoire et contre la notion même de
> civilisation, en refusant la cassure entre ce qui
> est permis et ce qui est désiré – entre la raison
> et l'égarement, entre l'imagination et la vie –,
> qui a été et qui continue d'être pour l'homme
> une source de malheur aussi grande, et même
> plus grande, que les injustices sociales.[64]

Pour le lecteur d'aujourd'hui, davantage sensible à la
nécessité de la lecture dans un monde où cette occupation
semble menacée, Emma obtient certes plus de sympathie
et a le mérite de s'acharner à vivre intensément, alors que
ses semblables se complaisent dans une existence morne
et routinière. Il n'en reste pas moins que pour Flaubert, le
bovarysme demeure un mal, que le destin de Madame
Bovary est une imitation ratée des romans qu'elle a lus,
et que cette femme ne parvient même pas à être tragique
dans son suicide.

Avec Homais, le ridicule pharmacien de la ville, Flaubert s'attaque autant à l'héritage livresque des Lumières
– particulièrement à l'influence de Voltaire et Rousseau –
qu'à la pensée positiviste contemporaine. Ce personnage
est autant obsédé par la raison qu'Emma par les aventures
romantiques, et si la concordance de ses idées avec celles
de son milieu en fait un être beaucoup mieux adapté, il
n'en demeure pas moins dangereux, appliquant des principes de médecine mal maîtrisés sur des patients qui ne
se relèvent pas toujours de ses expériences. Dans *Bouvard
et Pécuchet*, Flaubert invente deux personnages de bourgeois très semblables à Homais, qui développent une pas-

sion phénoménale pour les livres, qui digéreront une quantité invraisemblable de connaissances. Mais les deux hommes passent à travers les livres sans les avoir compris, ils appliquent leur savoir bêtement à la réalité, sans discernement, à la rigueur presque de la même manière que Don Quichotte projetant sur le réel des images tirées de ses lectures. Pourtant, Bouvard et Pécuchet acquièrent une véritable érudition, leur travail est si constant, effarant et ambitieux qu'il parvient à soulever l'admiration, malgré le mépris de l'auteur à leur égard.

Flaubert ne prend pas la peine d'établir une différence entre les œuvres de qualité et les livres mineurs, ainsi que l'avait fait Cervantes. Selon lui, la culture et la capacité d'intégrer le savoir se relient à une question d'aptitude ; le désir de connaître devient grotesque, voire dangereux, lorsqu'il se transforme en obsession chez des bourgeois idiots et satisfaits – illustration du « science sans conscience n'est que ruine de l'âme » de Rabelais. Les livres ne développent pas l'intelligence, ils parviennent même à rendre les gens pires, prétentieux et gaffeurs si les lecteurs n'ont pas en eux une aptitude rare à relativiser ce qu'ils découvrent, à conserver face à leurs apprentissages une méfiance de tous les instants. Il est clair que Flaubert a toujours cherché à dénoncer la stupidité bourgeoise et la prolifération de la bêtise. Mais à une époque où Baudelaire prône, par exemple, la « supériorité aristocratique de l'esprit », tous les individus ne sont pas égaux devant la connaissance, et si les livres réconfortent les grandes âmes, il n'est pas sûr de croire, d'après les avertissements que nous lance Flaubert, qu'ils apportent le bien à l'ensemble de l'humanité.

Dans *La nausée*, Jean-Paul Sartre reprend ce personnage du lecteur rempli de zèle, mais fondamentalement maladroit et incompétent. Le narrateur du roman, Antoine Roquentin, découvre dans la bibliothèque qu'il fréquente un homme qui a décidé de s'instruire en lisant dans l'ordre alphabétique tous les livres dans le rayon des sciences humaines ; ce qui lui permet de passer « de l'étude des coléoptères à celle de la théorie des quanta, d'un ouvrage sur Tamerlan à un pamphlet catholique contre le darwinisme »[65]. Plutôt que de blâmer un pareil apprentissage, d'en souligner l'absurdité, de montrer comme Flaubert les dangers de s'instruire sans être dirigé, Roquentin ressent à l'égard de cet autodidacte « une espèce d'admiration ». Peut-être est-ce cette admiration qui fera que le narrateur conservera une touchante sympathie pour ce personnage qui cumule, en plus de sa maladresse intellectuelle, les tares d'être humaniste et pédophile ? Sartre nous a présenté un être dont le ridicule pouvait être digne de Bouvard et Pécuchet ; il a plutôt choisi de nous le rendre attendrissant. Quelque chose a probablement changé dans la façon dont on considère les livres.

Aujourd'hui, les grands écrivains, dans la lignée de Sartre, ont cessé de blâmer les incidences négatives de la lecture chez les âmes sensibles, même si certains adeptes de Rousseau continuent encore à s'affirmer. Désormais, le danger n'est plus à l'intérieur des murs. Les mauvais livres sont concurrencés par des divertissements encore plus dommageables, par la télévision, les mauvais films, la mauvaise musique. Si bien que la lecture d'une bluette sentimentale ou d'un roman d'horreur semble pour certains un moindre mal.

Les auteurs cherchent plutôt des moyens d'intéresser les gens à la lecture qu'ils considèrent comme étant de plus en plus désertée. Les hommages aux livres sont plus nombreux que jamais et s'expriment dans des ouvrages qui ne craignent pas d'affirmer une passion à leur égard, mais aussi certaines inquiétudes. Avec *Une histoire de la lecture*, Alberto Manguel parvient habilement à situer la pratique de la lecture dans l'histoire, à en décrire la beauté, la diversité d'approches, la nécessité ; dans *L'art du roman*, Milan Kundera montre comment ce genre littéraire devient un instrument précieux de critique et de réflexion ; beaucoup plus terre-à-terre, Daniel Pennac se demande, dans *Comme un roman*, par quel moyen il faut attirer les jeunes à la lecture. Les auteurs se braquent devant une société qui risque de ne plus reconnaître l'importance de la lecture, et qui a choisi la télévision comme intermédiaire privilégié pour raconter des histoires. Un Don Quichotte contemporain passerait ses journées devant le petit écran, comme l'a montré Hal Ashby dans son film *Being There*. Seulement la télévision uniformise, aliène et devient la voie idéale de transmission de la pensée unique. Tandis que les livres forcent à penser, dans leur anarchique multiplicité, dans la longueur obligée de leurs développements, dans le silence qui nous enveloppe lorsqu'on les consomme. Je ne sais pas si les livres sont en danger, j'aime à penser que rien de sérieux ne menace leur existence, quoiqu'ils demeurent bien sûr fragilisés, comme ils l'ont toujours été. Mais devant l'abondance des discours qui nous assaillent, devant les modes de communication qui se multiplient, peut-être est-il important de souhaiter que tous ceux qui les produisent soient plus solidaires que jamais à leur égard.

ÉCRITURE, CONNAISSANCE ET ENGAGEMENT

Les détails de ce qui a pris le nom d'« affaire Calas » sont familiers à ceux qui s'intéressent à la question de la justice dans l'histoire. En 1761, à Toulouse, un protestant est condamné à mort pour avoir tué son fils parce que, disait-on, il n'acceptait pas la conversion au catholicisme de son rejeton. La peine a été exemplaire : Calas a été attaché sur une roue, frappé violemment à coups de barre, puis étranglé. On a jeté son cadavre au bûcher, puis éparpillé ses cendres aux quatre vents. Rien d'anormal dans tout cela, à une époque où il était fréquent de « rompre » les coupables avant de les exécuter. Voltaire s'était d'ailleurs presque réjoui d'un pareil sort, puisque la justice après tout n'avait condamné qu'un autre de ces fanatiques qu'il exécrait. Cette histoire aurait dû rester enfouie parmi tant d'autres semblables dans les annales de la justice… si Voltaire, tellement désinvolte dans son premier contact avec l'affaire, n'était énergiquement intervenu, au point de soulever l'opinion publique et de faire avouer à la justice qu'elle avait condamné un innocent.

L'intervention de Voltaire restera pour longtemps le modèle d'implication d'un écrivain au service d'une cause noble, juste, mais nécessitant un difficile combat : un auteur forcément savant et réfléchi, auréolé de gloire, met en jeu sa carrière et son prestige pour protéger la victime d'un système puissant, ayant tendance à abuser de ses pouvoirs. La démarche de Voltaire cherchant à rétablir la réputation de Calas va cependant au-delà de l'exploit spontané et de l'intuition géniale d'un grand artiste. Elle se ramène en fait au travail le plus rudimentaire de l'écrivain : connaître et écrire.

D'abord et avant tout sceptique, Voltaire constate que l'instruction reliée au procès de Calas, exécutée sans la moindre rigueur, ne lui apprend rien. Il décide alors de faire sa propre enquête. Il interroge les témoins, remet en question leurs affirmations, travaille à éclaircir le cas pendant de longues semaines, se familiarise avec le droit et le système parlementaire, mobilise ses correspondants, engage des enquêteurs, va jusqu'à faire espionner un témoin-clé pendant quatre mois. Lorsqu'il acquiert la certitude de l'innocence de Calas, il se sent prêt à passer à l'action. Son arme : l'opinion publique qu'il soulève par ses écrits. Il envoie des centaines de lettres, publie d'abord un libelle intitulé *Histoire d'Élisabeth Canning et de Calas*, puis son célèbre *Traité sur la tolérance*, qui atteint directement la cible. Le triomphe du philosophe est total : la justice se rétracte, Calas est réhabilité, les Parlements sont humiliés. Selon Pierre Lepape, cette victoire de Voltaire change le statut même de l'écrivain :

> Il était l'ornement, le parasite luxueux, le
> bouffon ou le thuriféraire privilégié, au mieux
> l'agréable penseur, le maître d'élégance et de
> civilité ; le voilà promu gardien des valeurs uni-
> verselles de l'humanité, vigie et porte-parole
> de la société civile contre l'arbitraire et le des-
> potisme de la société politique.[66]

Il est pourtant clair que Voltaire a conçu sa croisade
non pas pour le prestige ou par appétit du pouvoir, mais
au nom de la certitude, et que cette certitude a été acquise
au prix d'un travail énorme, équivalent à celui qu'il avait
consacré à ses livres d'histoire, comme cette biographie
de Charles XII de Suède, dont la rigueur étonne encore
aujourd'hui. Le désir de justice rejoint ici la volonté de
connaître, association tout à fait naturelle de ces aspirations du philosophe, puisque la connaissance élimine le
préjugé et mène inéluctablement à la tolérance. Devant
l'injustice commise envers Calas, l'esprit du philosophe
Voltaire a vu l'occasion de faire triompher ce qu'il avait
toujours soutenu : l'examen rigoureux des choses, l'attention portée à ce qu'on peut vraiment connaître, dans le but
de combattre ceux qui prétendent savoir sans que les prémisses de leurs jugements ne s'appuient sur des connaissances vérifiables.

On a très souvent, à juste titre, rapproché le cas de
Calas à l'affaire Dreyfus, encore mieux connue, dont les
enjeux considérables ont ébranlé d'une façon plus profonde une vision de la justice et de l'État. Dans le rôle de
l'écrivain justicier, Émile Zola prendra la relève de Voltaire,
appuyé ou contesté par les gens de sa confrérie qui adop-
teront alors, on le sait, le titre d'« intellectuels ». Depuis Voltaire, en France et en Europe, écriture et politique n'avaient

cessé d'aller de pair : Chateaubriand, Goethe, Byron, Stendhal, Madame de Staël, Benjamin Constant, George Sand et surtout Lamartine et Victor Hugo avaient mené parallèlement à leurs activités d'écrivain une carrière aux engagements divers les amenant à réfléchir sur le pouvoir et l'orientation politique à adopter. L'ego gigantesque des romantiques, la conviction qu'une destinée unique leur était échue, le rôle de mages qu'ils s'accordaient volontiers justifiaient leurs interventions, davantage que des connaissances particulières qu'ils auraient acquises à la suite d'un travail intense, ainsi que Voltaire acharné à découvrir la vérité sur le cas Calas. Leur engagement était davantage tributaire de ce qu'ils étaient plutôt que de ce qu'ils savaient. Certaines prises de position de Victor Hugo ou de George Sand n'en étaient pas moins courageuses, mais plutôt que de s'appuyer sur des études approfondies, poursuivies avec acharnement, elles relevaient d'abord et avant tout de la conviction personnelle et de la certitude qu'ils pouvaient changer les choses.

Le cas de Zola est très particulier. Comme plusieurs de ses semblables, il a amorcé une réflexion dans le domaine de la politique qui l'a engagé à prendre parti – en faveur du socialisme, dans son cas. Et comme Voltaire, il a été confronté à une affaire qui l'a forcé à trancher entre la vérité et le mensonge, un cas où la vérité dévoilée a obligé la conscience à agir, en dépit de certains risques, des risques énormes même pour un écrivain établi. Devant Dreyfus injustement condamné, devant l'armée française qui se braque et fait surenchère d'injustice en fabriquant des preuves, Zola ne peut rester neutre. Parce qu'il connaît la vérité, une vérité qu'il n'a pas eu à débusquer comme Voltaire, qui lui est apparue flagrante, incontournable, laide, devant des preuves assemblées par d'autres que lui. Si Zola n'a pas à entreprendre une véritable enquête, ainsi qu'il le faisait quand il écrivait ses romans, il accomplit avec courage son devoir d'écrivain, qui est de mobiliser sa plume au nom de ce qu'il connaît. Personne n'ignore aujourd'hui l'impact de son article « J'accuse » publié à la une de *L'Aurore*. Dans le long discours qu'il entreprend à la fin du procès qu'il subit en conséquence de ses propos, Zola fait clairement entendre à quel point son engagement est bel et bien relié à une certitude de connaître la vérité :

> Dreyfus est innocent, je le jure. J'y engage ma vie, j'y engage mon honneur. À cette heure solennelle, devant ce tribunal qui représente la justice humaine, devant vous tous messieurs les jurés, qui êtes l'émanation même de la nation, devant toute la France, devant le monde entier, je jure que Dreyfus est innocent. Et par mes quarante années de travail, par l'autorité que ce labeur a pu me donner, je jure que Dreyfus est innocent. Et par tout ce que j'ai conquis, par le nom que je me suis fait, par mes œuvres qui ont aidé l'expansion des lettres françaises, je jure que Dreyfus est innocent. Que tout cela croule, que mes œuvres périssent, si Dreyfus n'est pas innocent. Il est innocent.[67]

L'engagement de Zola est aussi sincère que ses convictions sont à la fois profondes et appuyées. À la suite d'une véritable « étude » de la cause, expliquera-t-il ailleurs, après avoir ressassé longuement toutes les pièces du dossier Dreyfus, il a acquis une connaissance du cas exceptionnellement juste, et cette familiarité avec la cause, d'abord et avant tout, lui a permis d'éliminer le seul risque qui comptait pour lui, celui de se tromper. À la suite de son procès, du fond de son exil en Angleterre, cachant sa véritable identité, dépouillé de tout ce qu'il avait acquis en des années laborieuses d'écriture, au moins demeurait-il en paix avec lui-même, pour avoir à la fois bien compris et bien agi.

La fièvre provoquée par l'affaire Dreyfus et par le difficile triomphe de Zola va entraîner par la suite chez les écrivains français une véritable mystique de l'engagement. Le phénomène sera largement recensé et débordera les frontières de la France. L'écrivain n'est plus seul avec son œuvre, il monte la garde du monde, comme le dit Gaston Miron, se poste comme une vigie et affiche sur la place publique tant ses allégeances politiques que les déplacements de sa pensée. Ces engagements correspondent à son prestige : la cote de l'auteur est telle que son association à une cause vaut comme caution morale nécessaire à la diffusion des idées. L'écrivain s'engage à tout vent, dans un enthousiasme jamais démenti, encouragé par le sentiment d'accomplir une mission noble, parfois difficile, motivé à la fois par un sens du devoir et une conviction réelle, qui reste la même en intensité, peu importe la cause défendue.

Il est étonnant de constater que beaucoup de ces engagements ne sont plus tributaires d'une attitude posée, celle d'un Voltaire ou d'un Zola compulsant quantité de documents avant de prendre ouvertement position, celle d'écrivains qui appuient leur pensée sur un amour profond et nécessaire de la connaissance, mais d'une adhésion parfois quasiment aveugle à des dogmes dont ils deviennent les chantres. Les cas d'égarements sont multiples et ont été largement commentés : Céline crachant son fiel dans des écrits violemment antisémites, Drieu La Rochelle soutenant avec candeur les extractions nazies, Aragon récitant dans l'enthousiasme l'évangile du Parti communiste, Breton alimentant son surréalisme de fantasmes de violence, Malraux défendant une noble cause, mais agissant comme un enfant fou du danger. À un point tel que l'écrivain toujours en quête de la vérité, appuyant ses jugements sur des observations vérifiables, valorisant la connaissance plutôt que l'opinion brute, se verra condamné par sa communauté, accusé de faire le jeu des partis adverses, de ne pas mouler sa pensée à un dogmatisme incapable de se reconnaître comme tel. Gide en a subi plus que tout autre les conséquences : n'arrivant pas à voir le rêve derrière la réalité soviétique, refusant de sombrer dans les tares de l'anticommunisme, il rendra compte avec une belle rigueur d'une visite de deux mois en URSS dans un livre intitulé *Retour de l'URSS*. Signe des temps : ce livre portant sur une réalité étrangère, aux propos difficilement vérifiables pour le lecteur moyen, ne provoquera pas de remous au sein du public ou du pouvoir, ainsi que l'avaient fait les prises de position de Voltaire et Zola, mais bien au sein de la communauté des écrivains qui n'acceptera pas un point de vue aussi subtil et nuancé.

Aucun écrivain n'aura autant contribué à définir l'engagement en littérature que Jean-Paul Sartre, tant par la pratique controversée de cet engagement que par ses textes théoriques sur le sujet. Nul besoin d'insister sur l'importance du personnage qui a tellement fasciné ses contemporains et sur lequel on écrira probablement encore de longues et nombreuses exégèses. On le sait, rarement un auteur aura-t-il exercé une telle figure d'autorité. Sartre semblait posséder de façon exacerbée toutes les qualités de l'écrivain : imagination, charisme, érudition, verve inépuisable, esprit analytique, capacité de produire en énorme quantité, aisance à s'exprimer dans tous les genres littéraires (sauf la poésie). Sartre a aussi réussi à incarner mieux que tout autre le rôle de celui qui *sait*. Sa réputation d'étudiant surdoué en philosophie, l'étonnante diversité de son champ de connaissance, l'exploit intellectuel d'avoir réussi à commettre une somme aussi impressionnante que *L'être et le néant*, et les récits de son hagiographe Simone de Beauvoir ont contribué à lui donner une auréole d'écrivain supérieur, de savant des lettres dont on doit sagement recueillir les paroles.

Pourtant, très peu d'intellectuels semblent avoir commis autant d'« erreurs », très peu d'écrivains ont paru aussi aveuglés par tant de prises de position aussi tenaces qu'injustifiables. Les reproches qu'on lui a adressés sont souvent les mêmes. Comment un homme aussi sensé que Sartre pouvait-il appuyer aussi ouvertement le régime soviétique de la fin des années cinquante dont on connaissait si bien les crimes et les innombrables atteintes à la liberté ? Comment pouvait-il en toute bonne conscience devenir maoïste dans les années soixante alors qu'il se complaisait dans une vision mythique de ce régime ? Comment a-t-il pu se retourner aussi brusquement contre Camus dont les propos paraissent aujourd'hui tellement justes ? Peut-être faut-il chercher dans son essai *Qu'est-ce que la littérature ?* une réponse non pas exhaustive, bien sûr, mais qui expliquerait ses prises de position au regard du sujet qui nous préoccupe.

Il est curieux de constater à quel point cet essai consacré à la question de l'engagement de l'écrivain s'attarde peu à la nécessité de relier l'intervention publique de l'auteur à une connaissance particulière d'une cause ou d'un combat, ou, d'une manière plus générale, à cette faculté que peuvent avoir certains écrivains, reliée à la pratique même de leur métier, de tirer de leurs lectures, de leurs recherches, de leur méthode de travail, un point de vue à la fois profane et éclairé permettant de faire la lumière sur une situation particulière. C'est que Sartre a sacrifié l'étude à l'action, et que, selon lui, l'immédiateté du combat vaut plus que les tergiversations qui risquent de mener l'intellectuel dans la voie stérile de l'impartialité. « L'écrivain "engagé" sait que la parole est action : il sait que dévoiler c'est changer et qu'on ne peut dévoiler qu'en projetant de changer. Il a abandonné le rêve impossible de faire une peinture impartiale de la Société et de la condition humaine. »[68] La volonté de situer l'écrivain au cœur de l'action lui enlève ce privilège de prendre le temps d'élaborer à la fois des recherches complètes et une réflexion mûrie ; l'écrivain vibre désormais à la folie et l'urgence du présent, il vit dans un monde en changement et dont les changements mêmes rendent inutile et suspecte l'attitude contemplative de celui qui s'attarde à s'informer avant d'agir. L'enjeu n'est plus la vérité ou la connaissance, mais la puissante immédiateté du combat. En conséquence, les risques de l'intervention publique de l'écrivain ne sont plus reliés à la menace de condamnation par la justice ou au rejet par la communauté, comme dans le cas de Zola ; ils touchent davantage la crédibilité intellectuelle, mise en péril par des jugements hâtifs ou des prises de position trop enthousiastes et spontanées. À un tel point saisi par le présent, on peut comprendre que Sartre n'a pu mobiliser son immense bagage intellectuel pour qu'il l'aide à éviter les erreurs de parcours.

Peut-être la mort de Sartre a-t-elle signifié la fin d'un type d'intervention de l'écrivain. Chose certaine, sa disparition coïncide avec le triomphe d'une nouvelle caste de penseurs, qui n'ont hélas plus rien à voir avec la littérature, et tout à se complaire dans un matérialisme nouveau genre qui transformera d'abord les sociétés occidentales, puis la planète tout entière. Les remplaçants de Sartre et des cohortes d'écrivains engagés sont désormais des économistes bardés de diplômes, des disciples de Milton Friedman, associant liberté et marché, donnant aux plus riches des assises théoriques fallacieuses et incontournables à leur domination. Comme les intellectuels auparavant, privilégiant toutefois des moyens d'action et d'influence qui se situent aux antipodes, ils deviennent les nouveaux gourous, voient leurs credos adoptés par des disciples fébriles et tâchent d'orienter la gouverne du monde. Plus discrets sous la menace du communisme, alors qu'ils élaboraient leurs théories en tenant compte de la diversité sociale, ils cachent aujourd'hui leur ultra-libéralisme sous les habits d'une pensée pseudo-scientifique, dont les théoriciens les plus en vue sont désormais récompensés d'un prix Nobel. Contrairement aux intellectuels qui répandaient leurs idées dans le terroir fangeux de la dissidence, à des élites partageant leurs idées mais bien souvent éloignées des lieux de décision, la caste des économistes a l'oreille des plus puissants, des hommes d'affaires, et surtout des gouvernements, prêts à abdiquer de leur pouvoir afin de satisfaire leurs nouveaux gourous. Les intellectuels français, de Zola à Sartre, en passant par Gide et Breton, avaient largement rayonné au-delà du territoire de la France afin d'offrir au monde le modèle de personnalités courageuses mêlant l'art à l'intervention politique, projetant leur personnalité au devant de la scène pour indiquer la voie à suivre. Le grenouillage des économistes se fait désormais dans les coulisses du pouvoir, dans l'anonymat le plus complet, avec une sidérante efficacité, une efficience dont Sartre au sommet de sa gloire n'aurait jamais osé rêver.

On a souvent déploré, depuis la mort de Sartre, l'incapacité de l'écrivain à intervenir, son repli sur lui-même, son manque d'intérêt parfois suspect face aux grands débats de société. C'est que le monde a changé, forcément, et on peut se demander si l'écrivain, même le plus talentueux, a bel et bien aujourd'hui la voix pour étaler haut et fort ses convictions. Les interventions les plus exemplaires des écrivains, nous l'avons vu, étaient marquées par une connaissance approfondie du problème abordé et par le prestige de l'auteur, qui apportaient une double crédibilité au propos. Peut-être les écrivains aujourd'hui ont-ils perdu à la fois leur prestige et la maîtrise de dossiers qui ne relèvent plus de la compétence du profane ?

On peut remarquer un certain glissement de l'estime du public des artistes créateurs aux artistes interprètes, glissement favorisé par la prise de contrôle de la culture par l'industrie et l'hypermédiatisation des figures artistiques les plus séduisantes. On s'étonne aujourd'hui d'observer l'immense considération que pouvaient obtenir des écrivains comme Camus, Sartre, Hemingway, Zweig ou Thomas Mann, mais aussi des artistes créateurs de toutes les disciplines comme Picasso, Dalí, Richard Strauss, Eisenstein ou Le Corbusier. Aujourd'hui, l'étoile des créateurs a considérablement pâli face aux acteurs et aux chanteurs dont la popularité et le capital d'admiration dépassent tout ce qu'on a connu auparavant. De profession honnie, digne d'excommunication il n'y a pas si longtemps, leur travail est devenu éminemment respectable ; il provoque plus que jamais l'hystérie des foules et soulève une estime telle qu'on ne cesse de solliciter les vedettes de l'heure dans le domaine du spectacle dès qu'une cause nécessite une figure de proue. Il serait difficile de nier qu'un pareil engouement pour les interprètes correspond à un déclin de la reconnaissance du travail des créateurs : par exemple, même l'image d'un Spielberg ayant remporté tant d'immenses succès, ayant conçu des œuvres si populaires et accessibles, vaut beaucoup moins auprès du grand public (celui qui consomme, qui vote docilement, qui demeure majoritaire dans les sondages) que celle d'un acteur aussi prévisible que Brad Pitt.

Ce transfert n'est pas sans conséquences. Même s'il faut éviter les généralisations, il n'en reste pas moins qu'un interprète est bien souvent plus docile qu'un créateur ; il demeure un maître du jeu et de l'apparence, il parvient à faire croire, parfois avec une sidérante habileté, en des êtres entièrement différents de lui, il place son corps entre lui et l'idée, un corps dont il a une excellente maîtrise et dont il se sert pour mentir. Le mensonge de l'écrivain est dissocié de sa personne, il se trouve dans un livre qu'il tend à l'autre tandis que son regard n'a pas été formé à soutenir l'imposture. L'exigeant apprentissage du comédien consiste à imiter le prisme large des comportements humains; celui du chanteur, à maîtriser un organe aussi rebelle que la voix. Tous deux doivent se plier aux terribles exigences de la représentation, discipliner leur corps autant que leur esprit. Leur rôle ne consiste pas à répandre des idées nouvelles, mais à dire avec magnétisme et conviction celles qu'on a écrites pour eux. Leur rapport à la connaissance est conséquent à leur personnalité ; il n'est certes pas aussi intrinsèque et aussi systématique que dans le cas de l'écriture. Si bien que lorsqu'on demande à un comédien ou à une vedette de la chanson de défendre une cause, on s'assurera de sa docilité, on vérifiera s'il a bel et bien appris son rôle et on le laissera dire en toute confiance un discours conforme et attendu qu'on a soigneusement révisé afin d'éviter les déraillements.[69]

De la même manière qu'on a cessé de croire au prestige de l'écrivain, on ne fait plus appel à lui pour poser un diagnostic fiable sur la situation du monde actuel. L'écrivain, comme tous les généralistes, a été dédaigné aux dépens du spécialiste, de l'expert bardé de diplômes qui, utilisant avec précision le vocabulaire et les séries de statistiques propres à sa discipline, se permet de jauger une situation précise avec les avantages que donne une connaissance aguerrie du sujet, acquise avec des années de labeur, reconnue par d'éminentes institutions. L'autodidacte, le profane, le généraliste ne peut que recueillir le mépris mérité de celui qui ne parle pas en connaissance de cause et dont le point de vue semble nécessairement limité face à l'amplitude du problème.

Mais peut-on véritablement se fier au spécialiste dont le discours semble tellement irréfutable ? Plusieurs penseurs ont remis en question la crédibilité aveugle qu'on lui accorde. Les spécialistes sont en effet bien souvent le produit d'institutions idéologiquement alignées qui se servent d'une rhétorique difficilement déchiffrable pour défendre une pensée soumise à un ordre supérieur qui impose ses choix. Ainsi, tel que l'a décrit Noam Chomsky :

> Tout cela doit se faire discrètement, ce qui si-
> gnifie que les spécialistes doivent avoir assi-
> milé les dogmes et les doctrines qu'on leur in-
> culque et qui servent les intérêts des puissants.
> Ceux qui n'y parviennent pas ne feront pas
> partie de cette classe. Ainsi, nous avons un
> système d'instruction spécifiquement conçu
> pour ceux qui seront responsables, qui feront
> partie de la classe des spécialistes. Leur endoc-
> trinement au service des valeurs et des intérêts
> du pouvoir privé, et du tandem État-monde
> des affaires qui le représente doit être profond.
> Ceux qui réussissent à se soumettre à cet en-
> doctrinement peuvent appartenir à la classe
> des spécialistes.[70]

Les spécialistes occupent désormais, aussi bien dans les médias, les revues spécialisées que les nouveaux moyens de communication, le rôle d'éminence grise, de juge et de partie qu'occupaient auparavant, dans une certaine mesure, les intellectuels. Seulement leur connaissance poussée des sujets qu'ils abordent, les idiomes qu'ils en viennent à développer, les ghettos intellectuels dans lesquels ils développent leur pensée rendent leurs travaux difficilement accessibles aux citoyens. « Le découpage et le cloisonnement du langage en fiefs spécialisés ont fait qu'il est désormais impossible pour le citoyen de prendre une part effective à la société »[71], prétend John Saul qui a consacré dans *Les bâtards de Voltaire* un important essai à la question. Aux spécialistes institutionnalisés répondront des spécialistes de la dissidence qui rétorqueront aux premiers par les mêmes armes et le même langage, qui de-vront donc maîtriser les mêmes apprentissages pointilleux, vivre la même ascèse, dans un but diamétralement opposé (pour un salaire nettement moins élevé). L'écrivain, comme le citoyen, devient alors spectateur de débats qu'il peut arriver à comprendre s'il en fait l'effort nécessaire, mais qui feront de lui un être à la remorque de ceux qui en sauront toujours plus que lui.

L'écrivain et le citoyen font face aux mêmes difficultés nouvelles : le savoir est de plus en plus contrôlé par les puissants, des décisions directement reliées à des enjeux majeurs et affectant l'ensemble des peuples sont prises sans même qu'on les ouvre aux grands débats publics. Les grands accords internationaux, comme l'ALENA ou l'éventuel AGCS[72], des organisations comme l'Organisation mondiale du commerce et le Fonds monétaire international établissent des politiques qui parviennent à annihiler un fonctionnement de l'État basé sur un large consensus et des services publics bien souvent irremplaçables ; elles imposent leurs mesures désastreuses pour les populations en tenant l'opinion publique muselée et ignorante. Pour y parvenir, on procède par deux moyens qui se sont révélés jusqu'à maintenant très efficaces.

D'abord, on agit dans le plus grand secret. Ce qui n'est pas su ne dérange pas, on le sait. Joseph Stiglitz, ex-économiste en chef de la Banque mondiale, montre bien la mesure d'une véritable culture du secret qui se maintient dans les plus hautes sphères :

> Toutes les institutions internationales manquent de transparence, mais chacune de façon un peu différente. À l'OMC, les négociations qui aboutissent aux accords ont toutes lieu à huis clos, ce qui ne permet guère de repérer l'influence des entreprises et des autres intérêts

> particuliers – jusqu'à ce qu'il soit trop tard. (…)
> Au FMI, le goût du secret est tout naturel : on
> connaît la discrétion traditionnelle des ban-
> ques centrales, bien qu'elles soient des insti-
> tutions publiques.[73]

Le secret est partout : dans les relations entre lob-
byistes et fonctionnaires, dans les négociations qui pré-
cèdent les grands accords, dans les tribunaux érigés par
l'OMC et l'ALENA qui prennent de grandes décisions
dans des chambres cachées, à l'abri de tout regard indis-
cret. Cette culture du secret est sans aucun doute un des
reculs les plus troublants dans la marche de l'humanité
en quête de transparence et de démocratie. Les adultes
responsables, cherchant à établir des rapports agréables
et fonctionnels, ne se cachent rien. Jusqu'à maintenant, le
progrès avait été associé à la transparence. Derrière le
secret, derrière cet envers de la connaissance, se réfugient
les plus grandes bassesses chez l'humain : les mauvaises
intentions, la mesquinerie, la tromperie, le désir de manipuler et d'exploiter les autres, l'instinct de domination, le
crime. Il faut dire que jusqu'à maintenant, tant de secrets
semblent avoir été si bien gardés que peu de gens soupçonnent l'ampleur de ce qu'ils cachent et surtout l'important déclin de civilisation auquel il faut associer leur multiplication et leur institutionnalisation.

Lorsqu'on ne peut parvenir à agir dans le secret, on
procède de façon inverse. On soumet aux citoyens d'immenses accords, rapports, ententes, qui s'expriment en
des milliers de pages, avec des milliers de pages d'annexes,
tout cela écrit dans un langage juridique parfaitement si-
byllin, d'une complexité à faire frémir. Personne, ni parmi
les citoyens, ni parmi les parlementaires, ne parvient à

saisir un pareil salmigondis, à moins d'y passer des heures et des heures, d'abandonner son travail, de s'y consacrer entièrement et de devenir ainsi soi-même un spécialiste. L'écrivain qui aurait procédé ainsi aurait cessé d'écrire, aurait donc renoncé à sa propre nature et à son œuvre, se serait stérilisé au nom de son engagement. Et cela sans même s'assurer de se faire apprécier et comprendre. Noyer la connaissance dans une quantité inabsorbable de données et d'informations : voilà un moyen paradoxal et curieusement machiavélique de faire taire le citoyen – et par le fait même l'écrivain.

Il reste cependant à l'écrivain l'arme de ses convictions et d'une pensée qu'il peut, par son expérience, rendre claire et accessible, plus que celle des spécialistes, face auxquels il parviendrait éventuellement à se poser comme arbitre. Encore faudrait-il qu'il se serve de sa prédisposition à connaître pour évaluer avec soin les enjeux à débattre. Et encore faudrait-il qu'on s'intéresse à ce qu'il raconte. À l'ère de la pensée unique, il est difficile pour une voix totalement indépendante de trouver un canal par lequel s'exprimer – hors de l'œuvre littéraire, bien sûr, qui rejette souvent avec dédain l'attitude trop morale et trop assurée de l'écrivain cherchant à s'engager.

L'intervention publique de l'écrivain est peut-être aussi rendue moins nécessaire dans les sociétés occidentales parce que les institutions paraissent plus stables que jamais, parce qu'elles ont tendance à se consolider, à assurer au citoyen une protection à plusieurs niveaux, et qui croît à mesure qu'elles se multiplient. Ainsi, le parcours du citoyen est balisé par quantité de groupes qui prétendent vouloir son bien et qui lui offrent une diversité incomparable de services : la classe politique, les multinationales,

les avocats, les professeurs, les psychologues, les syndicats, les associations professionnelles, les organismes sans but lucratif, les groupes religieux, les organismes communautaires, les organisateurs d'événements culturels, les médias, les journalistes spécialisés dans la dénonciation d'escroqueries, etc. Tout citoyen lésé trouvera un interlocuteur – même si de très nombreuses injustices se perpétuent malgré tout –, toute situation menaçante, dans la mesure où elle est révélée, soulèvera l'intérêt de groupes de défense qui mettront en marche différents moyens de pression pour atténuer, sinon résoudre, le problème (dans la mesure où ils ne sont pas confrontés à d'autres groupes encore mieux organisés et plus puissants).

La voix de l'écrivain se perd parmi tous ces discours, parmi la clameur des luttes perpétuelles et inégales, dans laquelle les plus forts l'emportent le plus souvent, alors que certains auteurs, humains trop humains, se rangent auprès des dominants, de ceux qui possèdent tout – maisons d'édition, médias, librairies –, et répètent, satisfaits, avec une impertinence factice, avec la pose du provocateur savamment étudiée, le propos de leurs maîtres, de ceux qui les publient, qui leur permettent de s'adresser au plus grand nombre.

Il est intéressant de constater que les pays qui subissent de grandes transformations, ceux qui vivent une importante période de transition et dont l'organisation sociale semble encore fragile, auront tendance à accorder à l'écrivain une parole publique que l'on entend nettement moins dans les régions plus stables. Sans vouloir en tirer de trop rapides conclusions, on peut tout de même admettre que dans l'histoire récente, les deux implications les plus importantes et les plus spectaculaires d'écrivains dans le domaine de la politique se situent bel et bien dans des pays à la destinée particulièrement trouble : je pense bien sûr à Vaclav Havel en République tchèque et à Mario Vargas Llosa au Pérou. Bien que ces auteurs avaient subi des sorts très différents, ils ont tous deux fait preuve d'un important leadership dans leurs pays réciproques, appuyant leurs interventions sur l'aptitude des écrivains à prendre la parole, et prenant la parole dans un climat de remarquable désorganisation, à un moment où leurs concitoyens étaient confrontés à des choix et à des décisions dont les conséquences seraient marquantes pour l'avenir.

Vaclav Havel avait derrière lui un passé impeccable de militant. Ses pièces de théâtre contestaient l'esthétique encouragée par les gouvernements communistes, ses prises de position courageuses et appuyées l'avaient amené à séjourner en prison et à faire de lui un symbole de la rébellion. Après la chute du communisme, la carrière politique s'est vite révélée l'inévitable voie à suivre, alors qu'il était rapidement élu président, et que la nature même de cette présidence correspondait on ne pouvait mieux à sa personnalité. Certes, comme tous les politiciens, Havel n'a pas toujours réussi à créer l'unanimité autour de lui et à ménager la hargne des insatisfaits, qui accompagne inévitablement l'exercice du pouvoir. Le type de présidence dont il a hérité ne lui permettait pas vraiment de gouverner, ce qui lui donnait l'occasion de se placer au-delà des partis pris trop immédiats, des innombrables compromissions que l'on doit aligner pour satisfaire la majorité, et de conserver une distance face aux débats ciblés et compromettants, parfois même de traiter, avec une élégance détachée, de sujets aussi essentiels et peu pragmatiques que l'éthique ou la philosophie. Devenant une forme de conscience de la nation, Vaclav Havel est peut-être l'un des écrivains qui a le mieux réussi son engagement politique, parvenant à atteindre des sphères élevées comme peu l'avaient imaginé, tout en réussissant à maintenir une image d'autorité morale et d'intégrité.

Il en va tout autrement pour Mario Vargas Llosa, qui s'est fourvoyé dans une campagne électorale tumultueuse, imprévisible, largement médiatisée, au cours de laquelle on a vu son avance considérable sur ses adversaires révélée dans les sondages diminuer peu à peu et se muer en cuisant échec. Vargas Llosa, on le sait, a écrit une œuvre littéraire d'une remarquable qualité, dépassant sans aucun doute celle de Vaclav Havel et s'inscrivant au premier plan d'une littérature sud-américaine pourtant très riche en chefs-d'œuvre. Je me souviens de l'enthousiasme qui m'a soulevé à la lecture de *La ville et les chiens* et de *La tante Julia et le scribouillard*, des romans foisonnants, le premier féroce et dénonciateur, le second imaginatif, drôle, à la structure audacieuse ; je me rappelle aussi le plaisir plus léger et subtil que m'ont procuré certaines de ses autres œuvres comme *Éloge de la marâtre* et *Qui a tué Palomino Molero ?*. Dans un livre tout à fait captivant, *Le poisson dans l'eau*, Vargas Llosa décortique avec courage, avec une implacable minutie, avec une honnêteté qui lui fait honneur, une campagne électorale éprouvante et humiliante – et dont le récit nous fait aussi réfléchir sur ce cas très particulier d'engagement d'un écrivain dans la politique.

Vargas Llosa ne s'est certainement pas lancé dans la campagne électorale avec cette conscience d'en savoir beaucoup plus que l'ensemble de ses concitoyens sur la situation complexe de son pays au bord de l'éclatement ou sur les multiples enjeux souterrains de la politique. Il a été plutôt emporté par l'enthousiasme, à la suite de réactions extraordinaires qu'avaient provoquées quelques-uns de ses articles, des meetings où il avait parlé et une grande manifestation publique dont il avait été la figure de proue. Il ne lui restait qu'un pas à faire : devenir candidat aux élections présidentielles à la tête d'une coalition favorable à la libéralisation des marchés. Lui-même s'étonne de ses motivations : « [...] je ne peux donc écarter que dans ce fond obscur où se trament les motivations les plus secrètes de nos actes, la tentation de l'aventure m'ait poussé, plus qu'aucun altruisme, vers la politique professionnelle.»[74] L'esprit fantaisiste du romancier l'emporte ici sur le critique et l'homme de savoir. L'écrivain ne craint pas d'admettre qu'il a exercé la politique en amateur, sans connaître vraiment ce qui l'attendait, et qu'il n'aurait jamais dû s'écarter de sa véritable destinée, celle de s'épanouir dans le milieu littéraire où il se sent « comme un poisson dans l'eau ». Il conservera de l'expérience un « dégoût viscéral » pour la politique active dont il ne veut plus se mêler.

L'aspect le plus troublant de la campagne de Vargas Llosa reste son adhésion totale et sans la moindre remise en question au néolibéralisme dans son acception la plus rigoureuse, la plus dépouillée de compromis, sa soumission satisfaite aux diktats de la Banque mondiale et du Fonds monétaire international. On connaît désormais les ravages qu'a faits sur un Pérou déjà chancelant la rigoureuse application de ces politiques par le président Fujimori, qui empruntera à son rival la quasi-totalité de son programme économique.[75] Une adhésion si orthodoxe à un système qui favorise la concentration du pouvoir et de la richesse étonne chez un écrivain dont on sait que les semblables ont plutôt tendance à soutenir la veuve et l'orphelin, à se maintenir dans le champ de l'éternelle opposition, à se méfier des puissants et de leurs discours parachutés. Vargas Llosa tirera de son expérience une leçon de morale : « [...] d'être si peu populaire m'aidera, peut-être, à consacrer désormais tout mon temps et mon énergie à écrire, ce pourquoi je crois être – je touche du bois – moins inopérant que pour l'indésirable (mais inévitable) politique. »[76] Sa réapparition dans le monde des lettres, véritable retour de l'enfant prodigue à qui l'on pardonne ses égarements, laisse bel et bien entendre que l'écrivain n'est peut-être pas aussi libre qu'il le croit dans ses interventions publiques, que les risques de déraillement demeurent réels, que l'amateurisme le menace s'il s'écarte de cette seule voie qui est la sienne, celle de connaître et d'écrire.

LE CAS DU ROMAN HISTORIQUE

Le roman historique n'a jamais été bien considéré chez les amateurs de grande littérature, et subit parfois de lourds préjugés. Pratiqué sans trop de rigueur, évoquant des périodes héroïques et lointaines qui servent de décor à des histoires d'un sentimentalisme appuyé, ce genre romanesque ne parvient selon certains qu'à tout diluer, tant l'Histoire qu'on trahit sans vergogne pour les besoins de la cause que la narration dont on privilégie les effets les plus faciles, afin d'entraîner les lecteurs – bien souvent les lectrices – dans des rêves préfabriqués s'alimentant d'un passé réinventé, un passé revisité avec opportunisme, trop souvent dénaturé, qui dépayse autant que l'exotisme de pacotille. Mauvais livres d'histoire, mauvaise littérature, les romans historiques se permettent pourtant de plaire à un très large public, trop facilement séduit, incapable de faire la différence entre la fable et la réalité, croyant s'instruire en gobant tout bonnement les fantaisies d'auteurs peu scrupuleux. Pour quelques romans historiques réussis et justes dans la narration des faits – mais dans ce cas, pourquoi ne pas lire à la place un véritable ouvrage historique, encore plus rigoureux et instructif ? – prospèrent quantité d'œuvres dont les tirages élevés sont inversement proportionnels à l'intelligence et à la subtilité du produit.

Pourtant, le roman historique a bel et bien ses lettres de noblesse. Plusieurs grands auteurs s'y sont frottés, parmi eux Flaubert, Hugo, Tolstoï, Marguerite Yourcenar, Umberto Eco, Anne Hébert. Le roman historique, on le sait, parvient parfois à réfléchir sur des sujets qui ne sont pas réellement couverts par l'histoire officielle, comme le destin de l'individu ordinaire bouleversé par les événements qui marquent son temps. Son écriture n'est pas toujours aussi légère et bâclée qu'on le prétend. Certains auteurs font preuve d'une rigueur dans la recherche historique comparable à celle des spécialistes. Mais au-delà de ses forces, de ses faiblesses, de sa pertinence même, le roman historique est digne de nous intéresser puisque, à mon avis, aucun autre genre ne pose d'une façon aussi directe, aussi essentielle, la question du rapport entre l'écriture et la connaissance.

Pour parler du présent, l'écrivain peut très bien se baser uniquement sur sa propre expérience et concevoir ainsi une œuvre riche, puissante, troublant témoignage d'une vie, de perceptions intimes, de jugements personnalisés à l'extrême qui alimentent une réflexion dont tous ont à profiter. Plusieurs auteurs majeurs ont axé leur œuvre littéraire, une œuvre parfois considérable, sur l'unique récit de leur vie, réel ou transposé, sur leur regard propre qui en vient à juger le monde tout entier, sur leur vision personnelle avouée des choses qui ne cesse de se préciser ou de se transformer : on n'a qu'à penser à Proust, Blaise Cendrars, Simone de Beauvoir, Henry Miller, Jack Kerouac, Annie Ernaux et tant d'autres encore. L'auteur qui écrit au présent n'a qu'à ouvrir les yeux ; ce qu'il voit l'alimente, ou répond à quelques interrogations qui le tracassent, ou lui permet de trouver ce qui donnera une belle justesse dans le détail, une grande impression de vérité qui enrichira son propos. Les modèles s'agitent devant lui, l'air du temps s'impose comme une évidence, l'époque se reflète dans ce qu'il écrit, tout naturellement, sans qu'il en soit toujours conscient.

Il va de soi, lorsqu'il écrit un roman historique, que la réalité présente de l'auteur n'a plus rien à voir avec l'époque qu'il a choisi d'aborder. Les bons vieux trucs du romancier, telles la pure intuition, la transposition de soi-même dans d'autres personnages, l'intrusion dans le récit de modèles empruntés à la réalité, ces trucs dont il se sert abondamment en habile illusionniste, ne peuvent s'appliquer sans risques dans le roman historique. Toujours, l'auteur est menacé de commettre la faute suprême, la faute inévitable qu'il faut cependant essayer de bannir avec vigueur, l'anachronisme, l'imprévisible anachronisme qui vient souvent discréditer une histoire pourtant bien amorcée. Toujours, il peut verser dans l'invraisemblance, dans l'ignorance, dans la négligence, ce qui peut affecter tant le détail que la veine principale du récit. On n'entre pas dans le roman historique sans accomplir une recherche minimale, qui reste toujours considérable. L'auteur de romans historiques, même le plus maladroit, est donc par définition un écrivain et un chercheur qui sera évalué sous ses deux chapeaux, un chercheur qui doit savoir romancer, un romancier qui ne craint pas de compulser à n'en plus finir des documents hautement spécialisés. Ces deux identités se livrent un perpétuel combat. On pourrait alors se demander qui doit l'emporter : l'écrivain qui sacrifie la vraisemblance à l'efficacité de l'histoire ou le chercheur qui empêche l'auteur de trop imaginer et de se détourner de la vérité ? Ou tout simplement : qui peut prétendre écrire des romans historiques ?

On observe que dès l'origine, le roman historique est une spécialisation : les Walter Scott et Alexandre Dumas, créateurs du genre, se sont très tôt intéressés à l'histoire et ont orienté leur carrière littéraire vers ce genre bien circonscrit qui a fait leur gloire. Aujourd'hui encore, nombre de romanciers n'écrivent que des romans historiques, le plus souvent des best-sellers, des livres prévisibles avec d'inévitables suites, comme certains n'écrivent que de la science-fiction ou du roman policier. Ces experts du genre ne sont pas toujours les plus rigoureux ; le désir de plaire au plus grand nombre entraîne les auteurs à commettre certaines négligences, à favoriser la bluette sentimentale, le détail faussement pittoresque, le cliché. On peut alors rêver de romans écrits par de véritables spécialistes de l'époque abordée ; pourtant, ces œuvres, qui bien sûr existent, réussissent rarement à convaincre : leurs auteurs soumettent aux lecteurs des livres exacts, remarquablement documentés, mais souvent ternes et maladroits, ou au contraire tombant avec une impardonnable complaisance dans les mêmes rengaines qui piègent les spécialistes du best-seller.

L'expert et le dilettante demeurent toutefois confrontés au même problème, à l'impossibilité de reconstituer le passé tel qu'il existait vraiment, tel qu'il est à jamais disparu, et cela même dans l'esprit des aînés rescapés de l'histoire récente, dont la mémoire déforme et adapte le passé, pour le transformer en souvenirs vaporeux, des souvenirs qui parfois ne survivent que sous forme de mensonges involontaires. Si bien que ces réflexions nous ramènent à notre point de départ : comment saisir sur le vif une culture lointaine, comment la rendre dans toute sa complexité et sa subtilité ? Comment saisir la vie quotidienne à une époque antérieure ? Par des ouvrages sociologiques et politiques ou par des œuvres de fiction ? Par un ouvrage scientifique neutre et bien appuyé ou par les innombrables transpositions et spéculations, elles aussi largement documentées, imaginées par l'écrivain ?

Chose certaine, la dose de vérité que l'on retrouve dans le roman historique devient un facteur de discussion et d'appréciation. Si bien que plus que jamais la connaissance, la justesse du savoir de l'écrivain devient un obstacle entre son propos et l'appréciation du lecteur. Lorsque je lis un roman historique, que je vois un film historique, je ne cesse de me poser les mêmes questions : l'auteur – le cinéaste – respecte-t-il les faits généralement admis ? s'est-il bien documenté sur le sujet ? ses anecdotes sont-elles vraisemblables ? Je ne peux m'empêcher de séparer le bon grain de l'ivraie, d'approuver le détail crédible, de hurler lorsqu'on me ment, de bouder ma pure fascination de lecteur (ou de spectateur) aux dépens d'une vigilance qui devient paradoxalement une source de plaisir. Chez l'auteur comme chez le lecteur, le roman historique, lorsqu'il est pratiqué avec conscience, soulève la même stimulation, le même étonnement que procurent ces actes conjoints, ces défis constants et réjouissants de lire, d'apprendre, de connaître.

Selon le critique Georges Lukacs, le roman historique se définit par le fait que, dans le récit, « la particularité des personnages dérive de la spécificité historique de leur temps »[77]. L'histoire est beaucoup plus qu'une simple toile de fond, comme on le constate encore dans plusieurs œuvres médiocres publiées de nos jours, mais elle agit bel et bien sur l'identité des personnages, sur leur « vérité sociale et psychologique ». L'apparition du roman historique dans l'évolution de la littérature correspondrait à une prise de conscience de la diversité européenne et méditerranéenne à la suite des guerres provoquées par Napoléon, alors que les déplacements des armées ont confronté des citoyens soldats d'origines diverses à des réalités nouvelles, considérablement différentes de tout ce qu'ils avaient connu. Selon Lukacs : « Il en résulte la possibilité concrète pour des hommes de comprendre leur propre existence comme quelque chose d'historiquement conditionné, de voir dans l'histoire quelque chose qui affecte profondément leurs vies quotidiennes et qui les concerne immédiatement. »[78]

Le nouvel état d'esprit qui s'impose en Europe rend le public ouvert aux romans de Walter Scott qui connaîtront une très grande popularité et qui seront à la fois les instigateurs et les modèles du genre. L'écrivain écossais, encouragé par les aspirations romantiques à rechercher les traces du passé, avait envers l'histoire de l'Europe, et celle de son pays en particulier, un savoir exceptionnel et un intérêt profond qui remontait à son enfance. Il a su intégrer avec habileté ses recherches à ses histoires, mais aussi donner une couleur et une subtilité psychologique à ses héros, à ses personnages secondaires surtout, ce qui explique sans aucun doute l'admiration soutenue des écrivains réalistes à son égard. Il a conçu des intrigues complexes, savamment organisées, il a donné à ses histoires une belle unité qui a permis à ses romans d'échapper aux longues et répétitives accumulations de péripéties, d'exploits et de romances du roman picaresque. Son livre le plus célèbre, *Ivanhoé*, ose mettre en scène des personnages aussi célèbres et mythiques que Robin des Bois et Richard Cœur de Lion ; il présente aussi, non sans pertinence, le conflit entre les Normands et les Saxons qui a longtemps divisé l'Angleterre.

Les romans de Walter Scott ont déclenché au 19ᵉ siècle un engouement pour la fiction historique dont il est difficile de mesurer l'ampleur aujourd'hui. Le théâtre, la poésie, le roman et l'opéra vibrent en chœur aux récits des héros du passé réinventés, des héros qu'on puise dans toutes les époques et civilisations, du plus loin de l'Antiquité jusqu'à la récente Révolution française. Le théâtre en particulier fait du drame historique le genre noble par excellence, défendu avec panache par Victor Hugo et les romantiques. Le spectacle de l'histoire a le double avantage d'offrir des décors et costumes somptueux, des situations exotiques, lointaines, de présenter des numéros qui en mettent plein la vue, tout en évitant de parler de sujets contemporains et compromettants pour une bourgeoisie qui songe d'abord et avant tout à se divertir et refuse de se remettre en question.

Déjà Shakespeare avait habilement exploité le drame historique dans des pièces qu'on a parfois considérées comme une curieuse excroissance, une filière étrange et difficile à classer entre les véritables chefs-d'œuvre tragiques et comiques ; ces pièces nombreuses, peu souvent reprises, portent la marque d'un grand dramaturge et sont touchantes à la fois par la complexité des grands personnages de l'histoire qu'il nous présente, et parce qu'elles tentent d'expliquer comment l'Angleterre contemporaine s'est douloureusement composée à partir des conflits passés. Le drame historique du 19e siècle, dans son foisonnement, semble par contre avoir laissé peu de traces et sombré dans un gigantisme un peu trop marqué par l'esprit du temps : même les pièces de Victor Hugo, auteur tellement prisé par ses contemporains et dont on ne cesse aujourd'hui d'apprécier les romans, passent difficilement le test de la représentation théâtrale.

C'est à travers le répertoire du grand opéra que le public d'aujourd'hui peut constater autant l'importance du genre historique que la démesure de récits très souvent adaptés de pièces de théâtre, des histoires abracadabrantes, aux revirements spectaculaires, aux héros nobles, droits, invraisemblables. Les deux plus importants compositeurs du siècle, Verdi et Wagner, ont consacré la totalité de leur œuvre à traiter de sujets historiques ou mythologiques[79], tournant le dos à un présent qui pourtant les préocccupait, puisque l'un et l'autre se sont mêlés de façon directe aux débats politiques de leur temps. Le savoir ne réussit pas à s'imposer dans les livrets des opéras, écrits par d'habiles fabricants beaucoup plus intéressés à produire vite des histoires spectaculaires qu'à respecter la justesse du contexte évoqué ; on retrouve toutefois, dans beaucoup de ces récits, à travers leurs maladresses, l'étrange reflet de la présomption, de l'hypocrisie et de la fatuité d'un public bourgeois en mal de sensations fortes. En préférant s'attaquer au mythe plutôt qu'à une histoire détournée, Wagner a par contre conçu une œuvre riche, exigeante, qui a soulevé auprès d'un certain public une passion inégalée. Évacuant les problèmes de l'adaptation historique, il a su avec une remarquable imagination transformer les légendes dont il s'inspirait pour les relier à une mythologie personnelle très cohérente, qu'on prend plaisir à démêler, qui intègre de façon détournée la philosophie et l'esthétique, et qui renouvelle avec conviction ces mêmes thèmes usés par l'opéra romantique : l'amour rédempteur, le sacrifice, l'ambition démesurée, l'opposition entre la débauche et la sainteté. Mais Wagner demeure une exception ; peut-être doit-on se désoler de la médiocrité, de l'aspect fabriqué de tant de ces récits historiques conçus pour la scène, qui pourtant comblaient d'aise un large public ?

Parmi la manne inépuisable d'œuvres inspirées par l'histoire, les romans d'Alexandre Dumas occupent une place à part. Leur succès, qui ne s'est jamais démenti et qui demeure encore considérable de nos jours, nous force à nous interroger sur l'extraordinaire efficacité de ces récits. Dumas a écrit des romans à la va-vite, des romans de bric et de broc, à l'écriture expéditive, parfois même bâclée, dont on s'est longuement complu à révéler les failles ; mais surtout, ces mêmes romans, remarquablement bien construits, maîtrisant le suspense, les revirements, les coups de théâtre avec un art inégalé, demeurent le produit d'un enthousiasme réel, d'un emportement dans l'écriture qui tient à la fois de la jouissance et de la logorrhée. On a souvent reproché à Dumas la façon dont il traite l'histoire, ses inexactitudes et approximations, ses partis pris, son manque de rigueur. L'auteur a pourtant le mérite de connaître les sujets qu'il aborde, ses connaissances étant bien sûr relatives à la façon dont on pratiquait l'histoire à son époque ; il a lu nombre d'ouvrages spécialisés, s'est nourri des chroniqueurs, des mémorialistes, des pamphlétaires, d'auteurs importants comme Brantôme ou Agrippa d'Aubigné ; il a profité de l'enseignement d'historiens tel Auguste Maquet, son principal collaborateur.

Le résultat est probant : Dumas a écrit ses romans à partir d'une vraie passion pour l'histoire, d'une connaissance certaine des sujets abordés. Il a porté sur ses personnages des jugements subjectifs et leur a attribué des actions bien souvent peu vraisemblables. Pourtant, il a conçu ces jugements et imaginé ces péripéties après avoir observé les événements passés, puis en se libérant des rigueurs qu'exige un travail sérieux d'historien, laissant la fantaisie naître de la réflexion. Les romans de Dumas sont ainsi une fête de l'esprit, une licence joyeuse et ironique que s'accorde un homme dont l'imagination ne peut s'empêcher de s'emballer, qui connaît l'histoire et sait subtilement doser ses écarts face à la vérité. En fait, Dumas s'adonne à un jeu rempli d'humanité auquel se livrent inévitablement les historiens, mais qui n'en font rien paraître dans leurs publications : celui de prendre parti, d'aimer certains personnages, d'en détester d'autres, de jeter aux oubliettes l'indispensable – ou apparente ? – objectivité qui garantit le sérieux de la démarche du chercheur. Ainsi, selon Dumas, Richelieu est un tyran, Mazarin un pleutre, Anne d'Autriche une reine seule et négligée, la reine Margot une femme tendre et aimante, Catherine de Médicis une intrigante cruelle, Henri de Navarre un homme simple et droit. Qu'importe alors la réalité de l'histoire si le roman remplit son rôle de donner au passé une dimension terriblement humaine et reconnaissable, s'il convainc par le miracle de la subjectivité sans rendre le lecteur dupe ?

Il demeure aujourd'hui difficile de choisir les bons romans historiques dans l'abondance des publications. Il va de soi que les œuvres nouvelles peuvent aisément se dépouiller de la naïveté que l'on reproche parfois aux premiers modèles du genre. Les auteurs de romans historiques ont désormais accès à une quantité énorme de documents sur les grandes époques de l'humanité, ils profitent des derniers développements en histoire, des travaux qui abordent davantage les aspects de la vie quotidienne ou bouleversent certaines idées reçues. Ils voyagent plus aisément que jamais, visitent les lieux fréquentés par leurs personnages, profitent de la restauration de sites archéologiques. Par Internet, ils communiquent avec des spécialistes de différents pays et ont accès aux plus récentes publications. Le savoir rendu tellement accessible pose davantage le problème du tri ; il confronte l'écrivain à son perfectionnisme et à sa soif de vérité.

Certains mauvais auteurs comptent sur l'ignorance inévitable du public, qui ne peut être spécialiste de toutes les époques, pour glisser quelques raccourcis ou invraisemblances. D'autres assomment les lecteurs à coups de descriptions d'une précision inouïe. D'autres encore n'inventent pas à force de respecter l'histoire ou, au contraire, évacuent leurs recherches lorsqu'elles font obstacle à leur imagination. D'autres enfin écrivent leurs histoires en toute liberté et demandent par la suite à des spécialistes de faire les ajustements nécessaires afin de rendre le tout crédible. Il n'est certes pas facile d'éviter les écueils du roman historique, d'où peut-être la méfiance de l'institution littéraire face à ce genre.

Parmi les défauts du roman historique contemporain, j'en relève un qui me paraît particulièrement fréquent, au point de sembler inévitable, qui se reproduit même dans des livres de qualité. Portés par une espèce de narcissisme collectif, par un curieux sentiment de supériorité provoqué par le fait de vivre à une époque ultérieure, forcément plus évoluée, les écrivains retiennent avec difficulté leurs jugements nécessairement modernes et éclairés sur des époques qui ne le sont pas. Ils s'intéressent à des personnages qui deviennent de véritables anachronismes, parce que leurs pensées, leurs actions, leurs aspirations se moulent à celles d'un homme ou d'une femme d'aujourd'hui égaré par miracle dans le passé. Dans un roman historique, il demeure beaucoup plus facile de reproduire les faits que de comprendre les mentalités avec leurs paradoxes et leurs zones grises. Notre héros moderne déporté s'insurge donc contre des usages que l'avenir rejettera, au grand plaisir du lecteur qui bénira le ciel de l'avoir fait naître à une époque nettement moins hostile aux valeurs qu'on lui a inculquées et qu'il croit être les siennes. On peut difficilement blâmer certains auteurs d'avoir créé des personnages qui luttent avec courage contre des fléaux aussi dommageables que l'exploitation des femmes, l'esclavage, l'intolérance religieuse ou la tyrannie. Ces prises de position n'en demeurent pas moins faciles, alors que l'histoire a tranché, que la victoire du bon sens paraît acquise – même si ces maux existent encore, sous d'autres formes, de façon voilée ou distante, et qu'il demeurerait beaucoup plus audacieux et nettement moins rassurant de les aborder dans leur troublante actualité. Tous n'ont pas l'habileté d'un Arthur Miller qui, dans *Les sorcières de Salem*, a conçu une fable tellement énorme que le public ne pouvait s'empêcher de voir derrière cette histoire évoquant un fait divers du 17ᵉ siècle la condamnation affirmée d'une intolérance bel et bien actuelle.

Le roman historique doit relever le défi d'établir un dialogue entre deux époques, une correspondance qui éclairerait à la fois l'une et l'autre, sans que les auteurs ne trahissent les événements antérieurs, sans qu'ils ne sombrent au contraire dans la tentation du pastiche, qui cherche à inventer, non sans d'inévitables maladresses, mais aussi parfois avec une grande virtuosité, le livre qui n'a pas été écrit. L'auteur de romans historiques doit instruire, il a d'une certaine manière l'obligation de dire une grande part de vérité, parce qu'il sait que son lecteur souhaite acquérir des connaissances, et ce, de façon plus plaisante que par les livres d'histoire. Il cherche en même temps la faille, le mystère, la zone dans laquelle l'historien n'a pas osé s'aventurer, il prend alors le risque d'une interprétation, d'inventer une hypothèse qui doit sembler logique et probable, même si elle demeure la plupart du temps invérifiable. Il prend parti, comme le faisait si bien Dumas, d'une façon ludique et évidente, dévoilant en toute honnêteté sa subjectivité. Il doit idéalement s'exprimer dans un style d'une grande qualité, éviter les facilités du bestseller, ne pas chercher à ressembler à un faux, éviter d'être un pastiche trop exact, qui restera presque toujours inférieur aux modèles ; mais il intègre à dose savamment calculée le vocabulaire, les expressions de l'époque, sans que tout cela ne soit trop visible ou appuyé. Dans quelle mesure les grands romans historiques ont-ils répondu à ces critères ?

L'œuvre au noir de Marguerite Yourcenar et *Le nom de la rose* d'Umberto Eco sont considérés comme deux grandes réussites du roman historique moderne. Ces livres nous intéresseront d'autant plus qu'ils abordent sans détour la question de la connaissance en nous invitant à entrer dans l'intimité de héros savants, brillants spécimens d'érudits, représentatifs de l'état du savoir à leur époque, et qui sont aussi le reflet d'auteurs nécessairement remarquables par l'étendue de tout ce qu'ils ont appris. Même si l'action n'est pas située à la même époque et dans le même lieu – *L'œuvre au noir* se termine à Bruges en 1568, tandis que les événements du *Nom de la rose* se produisent dans le Nord de l'Italie, en 1327 –, les deux romans s'intéressent aux querelles religieuses et aux imbroglios qui en découlent, à la confrontation entre la raison et la pensée irrationnelle, aux premières manifestations de la pensée moderne, aux innombrables conflits d'intérêts dans une Europe en ébullition. Tant Yourcenar qu'Eco réfléchissent à la délicate question de la diffusion de la connaissance : selon la première, celui qui sait et conserve un esprit libre se voit confronté à ceux qui le craignent, l'ostracisent et désespèrent de parvenir à le contrôler ; Eco, quant à lui, prétend qu'il est préférable que la connaissance soit largement accessible à tous, en dépit des risques que cela encourt, plutôt que scellée, protégée, conservée comme un bien précieux par des spécialistes qui la laissent échapper au compte-gouttes. Les deux romans se voient enfin éclairés par des textes connexes dans lesquels les auteurs révèlent à la fois leurs sources et leurs intentions esthétiques.

Dans *L'œuvre au noir*, Marguerite Yourcenar nous présente un homme aux talents multiples, à la fois médecin, alchimiste et philosophe, qui, après avoir longuement erré du nord au sud de l'Europe jusqu'en Turquie, choisit de se réfugier dans la ville de son enfance, puisque ses écrits ont scandalisé les clercs et que sa vie s'en trouve menacée. Ce personnage soigneusement composé rappelle l'empereur des *Mémoires d'Hadrien*, tous deux incarnation d'une sagesse de marbre dans un monde en folie, et dont les discours transmettent des leçons de vie complexes, au-delà d'une morale facile et convenue, des leçons qui appellent à la tolérance, qui évoquent le dur devoir de s'instruire et de croire en d'éprouvantes certitudes, malgré les doutes qui nous assaillent. Le message de Yourcenar, qui fait tant appel à l'intelligence, séduit, sans aucun doute. Mais peut-être n'évite-t-il pas le piège d'être trop moderne, en dépit de la manière très rigoureuse dont elle a construit son personnage de Zénon.

Ce Zénon est un assemblage ambitieux de plusieurs personnalités de la Renaissance. De Paracelse, principale source du personnage, Yourcenar a retenu, entre autres, « les voyages de Zénon, sa triple carrière d'alchimiste, de médecin et de philosophe, et jusqu'à ses ennuis à Bâle »[80]. La vie du personnage en Suède s'inspire du séjour de Tycho Brahé au Danemark, une opération effectuée par Zénon correspond à un extrait des *Mémoires* d'Ambroise Paré, ses recherches scientifiques « ont été imaginées en grande partie d'après les Cahiers de Léonard ». Yourcenar cite aussi des savants tels Césalpin, Fracastor, Bernard Palissy. Le bagage de Zénon n'est pas que scientifique : « [...] il avait su les trois ou quatre langages savants qu'on apprend à l'école et s'était en cours de route familiarisé tant bien que mal avec une bonne demi-douzaine de différents parlers vulgaires. »[81] Sa connaissance de l'alchimie exclut l'ésotérisme et la superstition, contrairement aux pratiques de l'époque, et soulève chez lui un intérêt d'abord et avant tout rationnel, celui qu'on éprouve envers la chimie moderne. La magie selon Zénon se trouve plutôt dans l'univers même et dans tout ce qui demeure mystérieux : « la science des herbes et des métaux », « la maladie elle-même », « le pouvoir des sons aigus ou graves », « la virulente puissance des mots ».

La sagesse et la science de Zénon nous paraissent surhumaines et le personnage, par un effet d'accumulation, dépasse chacun de ses modèles. Dans un roman aussi réaliste, écrit dans un ton à ce point dépourvu d'ironie et de clins d'œil amusés au lecteur, la perfection de Zénon devient suspecte. Malgré l'habileté extraordinaire de la romancière, malgré la qualité de ses recherches, malgré ses sources si judicieusement choisies, Marguerite Yourcenar a créé un être essentiellement moderne, qui doit son existence à un éblouissant survol de l'époque à laquelle on le rattache, un survol qui ne peut être accompli qu'avec la distance des ans. Ce qui permet à Yourcenar de s'abandonner à ses mots d'auteure dont elle a l'art, qui tantôt portent un jugement perspicace sur l'époque (« Il est étrange que pour nos chrétiens les prétendus désordres de la chair constituent le mal par excellence »[82]), tantôt s'appliquent aussi bien à notre monde d'aujourd'hui (« L'homme est une entreprise qui a contre elle le temps, la nécessité, la fortune, et l'imbécile et toujours croissante primauté du nombre »[83]). Le roman de Yourcenar reste à mon avis exemplaire ; mais peut-être l'auteure n'a-t-elle pas su résister à la tentation de présenter un point de vue qui marque la supériorité de l'avenir et fabrique sans trop de risques une sagesse que seul peut procurer le recul du temps.

Le personnage principal du *Nom de la rose*, Guillaume de Baskerville, ne s'inspire pas de modèles contemporains aussi nombreux que Zénon. Le grand modèle, selon les dires de l'auteur, est Guillaume d'Occam, célèbre franciscain philosophe et théologien, selon lequel la preuve ne concernait que ce que l'on pouvait assurer par l'expérience et qui, comme les franciscains de l'époque, accordait une grande importance à l'interprétation des signes. Eco aurait même carrément donné le nom du philosophe à son personnage s'il ne l'avait trouvé « antipathique ». Ce Guillaume de Baskerville, d'une remarquable érudition, n'est qu'une pierre de cet impressionnant édifice de savoir qu'est *Le nom de la rose*, livre truffé d'allusions à des textes bibliques et médiévaux, incorporant d'impressionnants collages de citations, de longs passages en latin, de larges débats théologiques et d'importantes précisions sur la réalité historique du 14ᵉ siècle. C'est qu'Eco est l'un des rares spécialistes à avoir réussi avec autant de succès un passage au roman. À la fois médiéviste et sémiologue de grand renom, il avait accumulé sur son sujet un savoir exceptionnellement mûri, à tel point qu'il lança dans son *Apostille au Nom de la rose* cette boutade : « [...] je ne connais le présent qu'à travers mon écran de télévision tandis que j'ai une connaissance directe du Moyen Âge. »[84] Son mérite ne consiste pas seulement à avoir su vulgariser ce savoir, mais aussi le dépasser, le confondre avec d'autres savoirs, l'actualiser d'une façon originale.

Par exemple, si Guillaume de Baskerville doit son existence à Guillaume d'Occam, il emprunte tout autant à Sherlock Holmes, référence bien visible puisque le nom du moine détective dérive du roman le plus connu de Conan Doyle, *Le chien des Baskerville* ; en effet, sa méthode déductive est la même que celle défendue par Holmes, et les physiques des deux personnages correspondent (comme Holmes, la taille de Guillaume « dépassait celle d'un homme normal », il était « si maigre qu'il en paraissait plus grand », les yeux étaient « vifs et pénétrants », le nez,

« effilé et légèrement aquilin »[85]). Ces allusions si claires demeurent bien sûr incontournables. D'autres clins d'œil sont moins flagrants, mais très visibles. Le personnage du bibliothécaire Jorge de Burgos porte un nom très semblable à celui de Jorge Luis Borges. Comme l'écrivain argentin au moment où Eco écrit son roman, il est âgé, érudit, aveugle, il occupe la même fonction de bibliothécaire et se meut dans un labyrinthe qui rappelle celui qu'avait imaginé Borges dans l'une de ses nouvelles les plus appréciées[86]. La clé du mystère du *Nom de la rose* se trouve dans *La reine Margot* d'Alexandre Dumas, qu'Eco a beaucoup louangé. De Dumas, Eco a aussi emprunté les partis pris virulents, épousant par ses personnages la haine irréductible des franciscains envers Jean XXII et donnant son appui à Louis de Bavière.

L'habileté d'Eco lui a permis d'intégrer ces références en évitant l'anachronisme fautif ou paresseux. Chacun de ses choix se justifie et demeure cohérent avec l'ensemble de sa démarche. L'allusion à Sherlock Holmes, par exemple, s'explique par le fait que chez des penseurs comme Roger Bacon et Guillaume d'Occam, on utilise bel et bien les signes « pour aller vers la connaissance des individus », et que les franciscains anglais avaient « un grand sens de l'observation et une particulière sensibilité à l'observation des indices »[87]. L'histoire du *Nom de la rose* ne nous est pas racontée par une instance narrative extérieure et neutre, mais, nous dit Eco non sans ironie au début de son ouvrage, par un moine du 14e siècle témoin direct des événements racontés, Adso de Melk, dont le manuscrit aurait été traduit en 1842 par un certain Dom J. Mabillon, transcrit à son tour par un certain abbé Vallet, puis par Umberto Eco lui-même. Le livre que le lecteur a entre ses mains ne concerne donc plus un événement tiré de l'histoire brute, rapporté dans un document d'une parfaite authenticité, mais tel que transmis à travers plusieurs instances qui ont pu adapter, transformer, altérer une situation originelle qui ne peut bien sûr exister qu'à travers les interprétations qu'on en fait.

Eco justifie son approche particulière du roman historique en la qualifiant de « postmoderne », ce qui lui permet d'exploiter librement « ironie, jeu métalinguistique, énonciation au carré ». Les procédés utilisés par Eco me rappellent aussi, fort curieusement, la fameuse « distanciation » au théâtre que Brecht décrit ainsi : « Une reproduction qui distancie est une reproduction qui, certes, fait reconnaître l'objet, mais qui le fait en même temps paraître étranger. »[88] Dans *Le nom de la rose*, une certaine distance est créée par les diverses instances qui ont réécrit l'histoire, tandis que les références à une littérature postérieure aux événements racontés font reconnaître non plus l'« objet », mais des éléments de l'histoire, ce qui provoque non pas un effet d'étrangeté, mais de familiarité. Le romancier n'a pas cherché à créer l'illusion de l'histoire, mais il a exposé son travail, ses procédés, ses tricheries ludiques. Le résultat chez le lecteur demeure semblable aux réactions du public envisagées par Brecht : on lit *Le nom de la rose* en gardant un esprit critique, sachant qu'il s'agit d'un roman du 20e siècle, que sa vision de l'histoire est biaisée, qu'on a affaire à un jeu de haute voltige intellectuelle, que son action demeure malgré tout celle d'un grand roman historique qui amuse, instruit et provoque la réflexion.

Dans *Le nom de la rose*, Umberto Eco a inventé un cheminement particulier dans le roman historique, entre la pratique du pastiche, qui subit une inévitable dépréciation face aux originaux, et la projection d'une vision contemporaine sur un morceau d'histoire. Il n'est pas étonnant qu'on lui cherche maintenant tant de successeurs.

LA PAROLE DES PETITES NATIONS

La vie culturelle d'autrefois s'organisait autour de la cité. Les artistes qui cherchaient à se faire connaître devaient nécessairement quitter leur patelin, aller travailler à la cour d'un grand seigneur, lui-même gravitant autour d'un seigneur encore plus grand, établi au cœur d'une de ces villes bourgeonnantes où l'on se servait de l'art tant pour divertir l'entourage du prince que pour rehausser son prestige. L'artiste voyageait, s'exportait aisément, travaillait pour le plus offrant, à condition qu'il puisse s'intégrer dans un milieu stimulant et ouvert à son art ; on retrouvait par exemple des Allemands à Londres, des Français à Saint-Pétersbourg, des Italiens un peu partout. Certaines villes rayonnaient puis s'éteignaient doucement, d'autres, comme Paris, Rome, Londres, se maintenaient contre vents et marées en tant que capitales des arts.

Avec l'avènement du nationalisme au 19e siècle, la gloire du pays passe avant celle de la cité : l'art devient plus que jamais français, allemand, italien ou anglais, la nation entière s'empare de l'artiste et l'expose aux yeux de tous avec fierté – lorsque son œuvre plaît, lorsqu'elle demeure dans les marges de l'acceptable. Les nations ne sont pas égales, forcément ; leur hiérarchie dans le monde occidental s'établit selon d'immuables critères : une population nombreuse, un grand territoire et une bonne santé économique (le plus souvent liée aux deux premiers aspects). La domination culturelle suit normalement la domination politique et économique : les grandes nations ont de grandes cultures qu'elles exportent et diffusent largement aux petits pays, qui doivent profiter de cette générosité et, si possible, apprendre de ces artistes qui se rendent jusqu'à eux.

À la fin du 19ᵉ siècle, arrive un léger accident dans l'histoire des arts occidentaux. Des petits pays se mettent à produire de grands artistes, des gens qui conçoivent l'essentiel de leurs œuvres dans des contextes culturels différents, et dont la qualité des créations est telle qu'il devient désormais impossible de les négliger. Les compositeurs Dvořák, Smetana, Grieg, Sibelius, le peintre Edvard Munch, les écrivains Ibsen et Strindberg, des Tchèques, Norvégiens, Suédois et Finlandais se voient accueillis dans le panthéon des artistes dont il faut connaître les œuvres si on veut se targuer de posséder une culture universelle.

Le 20ᵉ siècle, avec ses guerres déchirantes, ses crises économiques et existentielles, connaît un éclatement qui permet aux grandes cultures de se renforcer, aux dépens des petites, plus fragiles, nombreuses et morcelées, bien vivantes cependant, mais qui ne semblent plus offrir au monde des artistes aussi significatifs. La culture suit les mêmes voies que l'exportation et le commerce, et les pays les plus forts diffusent un art qui, sous ses formes les plus industrielles, s'associe à d'importants enjeux financiers. Jusqu'à ce que la puissance américaine en vienne à maîtriser tant de leviers que tous les autres pays ne réussissent à offrir en contrepartie que des productions fragiles, quasiment folklorisées, se confrontant à un monstre.

Tous n'admettent pas la mainmise américaine sur l'art, sur les productions qui, fort heureusement, demeurent beaucoup plus diversifiées que ce que certaines multinationales voudraient en faire. Chose sûre, la condition de l'artiste a considérablement changé. On pourrait croire que la mondialisation, la croissance des communications, la multiplication des échanges entre les différents pays ont accentué les liens entre les cultures, ont éliminé la nécessité pour l'artiste de vivre dans un grand centre, et que l'art foisonne de partout. Mais la situation de l'artiste est telle que les changements du monde ne l'ont pas nécessairement avantagé. Il existe désormais une culture populaire triomphante, véritable rouleau compresseur, dont la seule langue est l'anglais, dont l'esthétique et le contenu idéologique doivent répondre à des critères purement américains, qui bénéficient alors de processus de fabrication, de distribution et de marketing exigeant des investissements faramineux, qui permettent de lancer ces produits soigneusement triés et impeccablement conformes sur le marché mondial.

Les artistes qui refusent ce mode de production et conçoivent des œuvres personnelles, nécessairement moins rentables, doivent faire leur marque dans un contexte de surproduction. Chez les artistes, l'offre dépasse la demande comme jamais auparavant, si bien que les créateurs de tous les domaines et dans tous les pays cherchent des moyens de faire connaître leurs œuvres qui se perdent parmi l'abondance de la production courante. La survie de l'artiste à travers ses créations est reliée au marché dans lequel il évolue : un écrivain talentueux dans un pays de quelques millions d'habitants ne pourra pas vivre de la vente de ses livres, contrairement à son collègue évoluant au sein d'une nation beaucoup plus populeuse.

Peu importe l'endroit où il travaille, l'artiste est en compétition avec ses semblables : pour obtenir des bourses, pour remporter des prix, pour retenir l'attention médiatique, pour mendier une apparition à la télévision, pour s'intégrer à des boîtes reconnues qui donneront de la visibilité à son œuvre – maisons d'édition, compagnies de disques, galeries d'art, etc. Disparue, la belle solidarité qui unissait chez les romantiques les artistes de toute les disciplines, dans un même élan de révolte contre le conformisme bourgeois ; morte, la joyeuse franc-maçonnerie des écrivains qui aimaient se rassembler et se quereller au nom du surréalisme, de l'existentialisme, du mouvement beatnik et de bien d'autres mouvements encore. L'instinct de survie entraîne l'artiste à combattre pour lui-même d'abord, à se terrer dans un individualisme qui ne lui fait pas toujours honneur.

Ceci change bien sûr le rapport entre les grandes et les petites cultures et les rend beaucoup plus imperméables les unes aux autres, surtout dans un domaine comme la littérature, alors que la production est particulièrement abondante et que la lecture d'un livre demande beaucoup de temps et de disponibilité. Si bien que l'écrivain d'une grande culture ne comprend pas toujours pourquoi il s'intéresserait à des auteurs slovaques, albanais ou québécois, alors qu'il parvient à peine à prendre connaissance d'une

portion infime de la production de son pays. L'écrivain
d'une petite culture rage quand il voit l'écrivain-vedette
d'une grande culture en visite dans sa ville occuper toutes
les tribunes et toute l'attention alors que son œuvre se
voit sublimement ignorée dans tout autre pays que le sien
– et parfois même dans son propre pays. À l'ère de la mondialisation, plusieurs milieux littéraires se rabattent sur
leur propre production à défaut d'être capables de faire le
tri entre tout ce qui vient de l'étranger. Dans ce chacun
pour soi, la puissance et le commerce l'emportent bien
souvent sur la qualité littéraire : les auteurs les plus ven-
deurs des plus gros éditeurs occupent le haut des palmarès
des livres les plus vendus, alors que ces réussites semblent
plus arbitraires que jamais.

Les liens entre les grandes et petites cultures sont aussi
entravés par des causes inéluctables, qu'on aimerait voir
disparaître : le préjugé, l'ignorance, l'étroitesse d'esprit.
Dans un livre qu'il consacre à une enquête sur de petites
nations, le journaliste Christian Rioux constate que les
petites nations souffrent du « dur désir d'être aimé » tandis que les nations beaucoup plus peuplées ont « une étonnante propension à se considérer seuls porteurs des valeurs
universelles »[89]. Tous les gens qui vivent dans des petites
nations savent ce que c'est que d'être jugé par des étrangers en provenance d'une grande puissance, qui conçoivent
difficilement d'autres réalités que la leur, qui comprennent
mal la dure lutte pour l'existence des petits peuples, qui
comprennent même difficilement pourquoi ces peuples
existent. Les accusations de « nationalisme » pleuvent sur
des petits pays à l'existence fragile, alors qu'il est mal vu
de qualifier ainsi les nombreuses manifestations de chauvinisme de grands pays dont la fibre patriotique n'est

certes pas moins grande (et qui ne se contient plus, par exemple, lors des victoires dans les grands événements sportifs). Cette condamnation partisane d'un certain nationalisme, ces bons sentiments et ce paternalisme des grandes nations ont été sévèrement dénoncés, entre autres, par Alain Finkielkraut :

> La fatuité règne à nouveau. Et c'est paradoxalement dans l'antifascisme et dans l'antiracisme contemporain qu'elle a trouvé son second souffle, au prix, il est vrai, d'un léger déplacement : autrefois, on jugeait la tribu du haut de la nation ; désormais, la tribu, c'est la nation même, et les habitants des grandes nations légitimes, des grandes nations incontestables, des grandes nations qui vont sans dire, évaluent les flambées identitaires des nations qui vont mieux en le disant de l'Europe de l'après-communisme avec les normes et les critères contenus dans la publicité des pantalons Levi's : « Un jour, la liberté finira bien par aller à tout le monde. » Civilisé veut désormais dire *post-national*.[90]

Derrière un discours rempli de bons sentiments, d'un sens moral élevé, mais aussi subtilement méprisant et hypocrite, se cache une non-reconnaissance de la différence, de la diversité des cultures, au profit d'un nouvel impérialisme culturel, mais aussi d'intérêts financiers majeurs.

Ignorance encore plus grande, il arrive encore que les observateurs des grandes nations réduisent les citoyens des petites nations à ce que Roland Barthes qualifiait de « virus de l'essence », qui permet de ramener leurs citoyens à des « types » sympathiques et réconfortants. Les gens des pays du monde sont vus comme dans un *Guide bleu* qui transmet d'aimables préjugés, selon lesquels « le Basque est un marin aventureux, le Levantin un gai jardinier, le Catalan un habile commerçant et le Cantabre un montagnard sentimental »[91]. Il faut voir, par exemple, l'obstination avec laquelle la presse française qualifie le Québec de « belle province », alors que cette appellation idiote est disparue des plaques d'immatriculation depuis des lustres, que le Québec, négligeant son patrimoine, victime de l'étalement urbain et de l'ambition de promoteurs sans scrupules, peut difficilement s'approprier de façon méritoire le vocable de « beau », et surtout, que la dénomination de « province », avec tout ce que cela connote, convient de moins en moins à cette région qui se définit désormais comme nation.

Au-delà du préjugé, en ce qui concerne les cultures comme en toutes choses, il est fondamental de connaître avant de porter un jugement convenable, et les écrivains des petites nations, qui de leur poste particulier observent sans être vus, ont une façon différente d'appréhender le monde.

L'écrivain d'une grande culture a derrière lui un passé qui fait partie du patrimoine universel. Lorsqu'il apprend l'histoire de son pays, il connaît en même temps celle du monde. Les chocs entre les puissances concernent tout le monde, jusque dans les plus petits pays, et les échos de ce qui se passe dans les métropoles se répandent au-delà des confins du royaume. Une personne cultivée qui se targue d'apprécier la littérature se doit de connaître, par exemple, au moins de réputation, les Italiens Moravia ou Calvino, les Américains Emily Dickinson ou Dos Passos, les Français Verlaine ou Malraux, les Allemands Hermann Hesse ou Ernst Jünger, les Latino-Américains Cortazar ou Carlos Fuentes ; ces auteurs, sans nécessairement être les plus considérés chez eux, sans être les figures les plus dominantes des littératures auxquelles ils sont rattachés, ont vu leur réputation dépasser largement les frontières des pays où ils ont conçu leur œuvre. Il en va autrement du Slovène France Preseren ou du Québécois Hubert Aquin, dont la réputation est considérable chez eux, mais qui, pour des raisons multiples et complexes, ne sont jamais vraiment parvenus à faire connaître leurs œuvres auprès de gens appartenant à d'autres cultures.

Si bien que le savoir culturel d'un individu en provenance d'une petite nation est forcément d'une double nature : l'individu doit s'approprier ce qui vient de ce grand patrimoine universel, connaître le destin des grandes nations, leur littérature, leur immense production artistique ; mais il s'intéresse aussi à son propre pays, à son histoire qui s'est déroulée dans l'ombre des grands, pourtant très riche en événements de toutes sortes, à une littérature qui foisonne malgré sa petitesse, à la destinée unique de son peuple, probablement marquée par une lutte pour la survie. Face à ces deux champs de connaissance, il est contraint de choisir entre plusieurs attitudes : doit-il d'abord et avant tout se concentrer sur son pays, quitte à assimiler un savoir considérable, mais qu'il ne pourra partager avec des gens de l'extérieur ? ou se lancer dans l'étude de la culture universelle, quitte à intégrer ce qu'il apprend comme un étranger, et parfois même à subir le mépris voilé qu'on éprouve face à celui qui parle d'une culture qui n'est pas la sienne ? ou encore, s'intéresser à tout, mais ne pas parvenir à approfondir des connaissances trop disparates ?

Au Québec, ces questions ont des résonances parfois bien concrètes. Par exemple, lors d'une réforme des cours, les professeurs de français du niveau collégial ont été confrontés au dilemme suivant : était-il préférable de favoriser largement l'enseignement de la littérature québécoise, pour sensibiliser les élèves à des œuvres dont on ne parle pas à l'extérieur du pays et dont l'existence précaire nécessite qu'on intervienne vigoureusement en sa faveur ? ou était-il mieux de donner à la littérature québécoise la place qui lui revient vraiment, celle d'une petite littérature, d'excellente qualité sans aucun doute, mais pour laquelle on ne doit pas sacrifier l'étude des chefs-d'œuvre de la littérature universelle ? Devant l'impossibilité de pouvoir tout connaître, de pouvoir tout enseigner, les professeurs ont été confrontés à leur propre conscience, à leurs priorités ; aucun choix ne paraissait d'emblée le meilleur.

Chaque petite nation offre un cas particulier, et celui du Québec, comme bien d'autres, est sans aucun doute complexe. Le dynamisme intellectuel que l'on retrouve chez nous ne fait qu'accentuer l'ambiguïté de nos choix. Depuis les années soixante, le milieu littéraire, artistique et intellectuel s'est institutionnalisé de façon remarquable, au point d'offrir, dans une société aussi petite que la nôtre, un cumul des discours tel qu'il échappe à un entendement global par sa propre abondance. Il se publie environ quatre mille livres par année au Québec.[92] La société québécoise est scrutée sous tous ses aspects, par la fiction, l'essai, l'ouvrage spécialisé, avec un acharnement maniaque, avec une passion toujours renouvelée, et cette polyphonie des discours, qui reflète bien nos tourments et nos indécisions, se pose en même temps comme un voile qui cache l'ensemble dissimulé derrière ce magma créatif.

Dans le domaine de la littérature, l'abondance crée parfois un certain malaise. Plusieurs chercheurs et professeurs se rabattent sur l'époque bénie d'avant l'institutionnalisation du milieu littéraire, alors qu'on pouvait répertorier sans trop de problèmes la production courante et qu'on pouvait signaler aisément les œuvres relativement importantes parmi d'autres moins bonnes et peu nombreuses. C'est ainsi que l'on accorde dans l'enseignement de notre littérature une attention démesurée à des écrivains du 19ᵉ ou de la première moitié du 20ᵉ siècle, des écrivains mineurs et sans caractère, qui n'ont en fait comme mérite que d'avoir été les premiers. Pendant ce temps, peut-être néglige-t-on un peu trop des auteurs contemporains dont certains écrivent des œuvres plus riches, mais dont le discours se perd dans la rumeur contemporaine, dans les dédoublements d'œuvres forcément semblables, parce que le présent est le même pour tous et qu'on ne peut le voir d'une infinité de manières. Dans le cas de la littérature québécoise, le présent vaut certes plus qu'une grande part de son passé. Mais peut-être aussi est-il difficile de s'avouer que nous n'avons pas toujours eu ni les ancêtres écrivains, ni les classiques que nous croyons mériter ?

Chose certaine, la culture québécoise est parvenue à une véritable autarcie : elle a désormais tant à offrir qu'une vie entière consacrée à son étude ne permettra d'en découvrir qu'une petite portion. Et face à cette culture qui s'impose comme une masse impressionnante, les attitudes sont nécessairement variées. Ainsi, certains écrivains décident d'accorder la priorité à la littérature québécoise, sans négliger les littératures étrangères, bien sûr, mais trouvant largement de quoi se nourrir dans la production locale courante, et jugeant le milieu assez stimulant pour y concentrer leurs ambitions. Dans un vaste essai à tendance marxiste publié dans les années 70, le poète Philippe Haeck définit la place de la littérature québécoise dans l'enseignement : « Si l'on veut que la fiction soit active, qu'elle produise un maximum d'effet, il vaut mieux enseigner des œuvres québécoises contemporaines », parce que, selon lui, « le moment de la parution d'une œuvre est le meilleur moment pour la lire, son temps le plus actif, et le lieu de la parution d'une œuvre est le meilleur lieu pour la lire, son espace le plus actif », et que « lire des œuvres québécoises contemporaines facilite la critique des mythologies littéraires »[93]. Dans *Le semestre*, un roman qui mêle la critique littéraire à la fiction, Gérard Bessette montre bien à quel point, à travers un personnage qui lui ressemble entièrement, il est « attaché à sa québécitude » et se targue d'avoir consacré à la littérature québécoise « tant d'efforts et d'années finissant par y acquérir une modeste réputation »[94], même s'il a choisi de vivre à l'extérieur du Québec. Dany Laferrière a justifié sa confiance en l'édition québécoise et en un public de lecteurs qui parvient à le combler, malgré ses succès à l'étranger et les réticences de l'institution à reconnaître son œuvre. Aucun chauvinisme ne marque de pareils attachements ; ces auteurs sont plutôt motivés par le désir de saisir la littérature dans sa proximité et son immédiateté, de la sentir vivre et se développer, de la voir si bien refléter la société à laquelle ils appartiennent, une société avec ses inévitables particularités, ni meilleure ni pire qu'une autre.

D'autres auteurs préfèrent fuir les contraintes d'une vision régionaliste et tendent à l'universel en éliminant les allusions trop directes à une réalité strictement québécoise. Le cas du dramaturge Normand Chaurette pourrait être vu comme un paroxysme de cette tendance : la très forte majorité de ses pièces présentent une action qui se déroule dans des lieux non identifiés, vaguement exotiques, ou parfois plus précisément dans un milieu anglosaxon, ce qui lui permet d'utiliser un niveau de langue relevé, dans lequel on ne retrouve aucune trace de particularismes régionaux, et qui se rapproche, dans ses pièces « anglo-saxonnes », des traductions très littéraires de l'anglais. La polémique entre les poètes régionalistes et exotiques au début du 20ᵉ siècle a révélé le grand conflit intérieur de la littérature québécoise, l'affrontement entre la volonté de rester authentique et le désir d'être compris de tous.

Les auteurs québécois ont l'avantage sur ceux de plusieurs autres petites nations de s'exprimer dans une langue internationale. Cette langue est cependant parlée – et parfois écrite – d'une façon si particulière qu'elle force tout écrivain à prendre position dans le débat entre les partisans d'une littérature d'abord et avant tout ouverte sur le milieu, et les auteurs davantage préoccupés d'être compris de tous les francophones : dès que l'on donne la parole à un personnage, on doit choisir soit de lui faire refléter les particularités locales, soit de lui accorder au contraire une langue belle et normative que personne n'utilise. Ironiquement, le succès d'une œuvre se décide bien souvent en dépit des calculs des auteurs : la pièce québécoise la plus souvent reprise à l'étranger, *Les belles-sœurs* de Michel Tremblay, est aussi l'une des plus ancrées dans la réalité locale et des plus imprégnées de joual. Cette réussite demeure cependant une importante exception et le choix du niveau de langue approprié reste toujours un casse-tête pour les auteurs d'ici. Le langage des Québécois n'est pas plus différent du français parlé en France que l'anglais des Américains comparé à celui des Britanniques, ou l'espagnol des Mexicains ou des Argentins comparé à celui parlé en Espagne. Mais le profond déséquilibre démographique entre la France et le Québec, la position des Québécois, minorité fragile et assujettie à un État plus grand et principalement anglophone, ne permettent pas toujours d'imposer notre langue comme une autre façon de parler le français. Ainsi, malgré l'avantage d'utiliser une langue relativement forte, le Québec est ramené bien souvent au même sort que les petites nations dont la langue n'est pas parlée à l'extérieur des limites du pays : celui de demeurer une voix exotique, lointaine et fraîche dans le concert des nations.

Cette difficulté de choisir correspond probablement à l'ambiguïté fondamentale des Québécois, qui se plaisent en situation de déséquilibre, qui parviennent à vivre malgré leurs dilemmes, à nourrir, contempler, analyser leurs indécisions, comme si tout cela leur profitait un peu plus qu'ils ne le croyaient, leur donnant une sorte d'identité à la Hamlet, longuement commentée, qui, sans rendre leur destinée tragique, la sort au moins de l'ordinaire des peuples. Pris entre le Québec et le Canada, la France et les États-Unis, l'Amérique et l'Europe, équilibrant les votes fédéralistes et indépendantistes avec une constance obstinée, avec une telle régularité que tout cela pourrait sembler planifié, le Québécois ne paraît pas angoissé par sa situation, étant donné son aisance matérielle, son niveau de vie à l'américaine qui lui permet, ainsi que le font tous les peuples aisés, d'oublier ses tourments et de trouver le bonheur dans la consommation. Le confort et l'indifférence du citoyen moyen, tels que diagnostiqués par le cinéaste Denys Arcand, n'empêchent pas l'intellectuel de consacrer beaucoup d'énergie à accumuler les publications, à développer un discours désormais considérable sur le seul sujet inépuisable de l'identité trouble des francophones d'Amérique.

La situation du Québec n'est probablement pas très différente de celle des autres petites nations, avec toutes les variantes que l'on peut imaginer. Les écrivains et les intellectuels des petits pays établissent certes de semblables relations troubles avec les cultures dominantes, et dans leur besoin de savoir, ils vivent sans doute des conflits intérieurs similaires, éprouvent la même curiosité face aux grandes cultures qu'ils abordent avec un esprit libre, sachant qu'ils ne sont particulièrement liés à aucune d'entre elles, guidés, dans leurs explorations, davantage par des affinités que par ce devoir moral qu'ont les auteurs des nations très peuplées de connaître d'abord et avant tout leur immense héritage.

Dans ses *Lettres persanes*, Montesquieu raconte les émois d'un voyageur qui découvre l'Occident :

> C'est un grand spectacle pour un Mahométan de voir pour la première fois une ville chrétienne. Je ne parle pas de choses qui frappent d'abord tous les yeux, comme la différence des édifices, des habits, des principales coutumes. Il y a jusque dans les moindres baga-

telles, quelque chose de singulier que je sens
et que je sais pas dire.[95]

L'écrivain d'une petite culture dans un grand pays a
lui aussi parfois l'allure du voyageur intrigué de Montesquieu. Il n'a pas à subir un choc semblable à celui d'un
musulman étonné du monde chrétien. Depuis très longtemps, il connaît les grands pays du monde, il a lu nombre d'ouvrages des grandes littératures, il a vu des films,
des émissions de télévision, des reportages montrant ces
contrées sous toutes leurs facettes, il a peut-être voyagé
à plusieurs reprises dans les grandes métropoles. Pourtant, comme le Persan Usbek, il sera toujours préoccupé
par ce « quelque chose de singulier que je sens », par l'inef-
fable sentiment de toujours découvrir quelque aspect singulier qui reste une évidence pour le citoyen d'un grand
pays. Ainsi dans mes nombreux voyages tant en France
qu'aux États-Unis, j'ai toujours ressenti un sentiment paradoxal d'adhérer et de rejeter les cultures de ces pays, de
les aborder à la pièce comme un acheteur dans un grand
magasin, de les juger parfois avec l'impartialité, parfois
avec les partis pris sans conséquence du voyageur qui sait
qu'il n'aura jamais à prendre de grandes décisions quant
au sort des contrées qu'il visite. L'individu d'une petite
nation, même s'il en connaît le plus souvent davantage
sur les grands pays que les citoyens des pays importants
sur les petites cultures, découvre inévitablement des us et
coutumes qui le surprennent, un véritable exotisme, un
véritable folklore dont les gens des grandes cultures ne
soupçonnent parfois même pas l'existence. Ainsi y a-t-il
toujours un peu de cet Usbek, voyageur persan que Montesquieu a dû imaginer pour tenter d'offrir un regard nouveau sur son pays.

Mais au-delà de son point de vue d'étranger, de son rôle de spectateur extérieur, l'écrivain d'une petite culture cherche peut-être, d'abord et avant tout, à être reconnu en dehors des classifications, des frontières dans lesquelles on enferme la littérature. Les livres forment leur propre univers, tous sont égaux devant eux, peu importe la région du globe d'où l'on vient. Ainsi le savoir ne se développe pas selon l'origine, mais en fonction de la quantité de lectures, que l'on fait, de notre aptitude à assimiler et mémoriser ce qu'on apprend. La connaissance, favorisée par des moyens de communication de plus en plus perfectionnés et accessibles, suit des voies imprévisibles, se niche parfois là où on la croirait absente, échappe au monopole des grands centres.

Les écrivains se sentent donc de plus en plus libres d'aborder tous les sujets, même si on ne les encourage pas toujours à poursuivre en ce sens. Les éditeurs ont tendance à favoriser des manuscrits dont le propos demeure bien ancré dans la réalité locale et ne dépayse pas trop le lecteur. Plusieurs libraires classent les œuvres de fiction selon le pays et la langue d'origine de l'auteur. Les critiques se spécialisent dans certains types de littérature et évaluent les œuvres selon les critères esthétiques valorisés dans les pays d'où proviennent les livres qu'ils abordent. Le nom de l'écrivain est précédé de sa nationalité, on parle du Canadien Michael Ondaatje, du Suédois Göran Tunström, du Martiniquais Aimé Césaire, du Portugais José Saramago, ou, même s'ils ont choisi l'exil, du Tchèque Milan Kundera, de l'Indien Salman Rushdie. Ce rattachement de l'écrivain à son pays affecte davantage les auteurs des petites cultures. Souvent le lecteur a tendance à considérer le livre d'un auteur provenant d'un petit pays non pas comme une œuvre littéraire ordinaire, qui lui fera vivre une histoire troublante et de belles émotions, mais comme un récit lointain et exotique dont on n'a pas toujours envie, et dans lequel les personnages seront soumis à des codes et des coutumes qui nous échappent ; il faudra se creuser la tête pour comprendre ce qu'ils vivent. Il rejettera tout simplement ce livre – à moins qu'un événement médiatique, une situation politique particulière, un échange quelconque ou un voyage ne lui rappellent, le temps d'une saison, l'existence de ce pays, suscitant une curiosité passagère pour les livres qu'on y publie.

Il va de soi que l'écrivain d'une petite nation apprécierait qu'on l'aime pour lui-même, qu'on s'abandonne à son texte spontanément, sans mode d'emploi, au-delà des différences culturelles, comme les gens de chez lui estiment sans trop y penser les livres en provenance des grands pays. Il croit que son langage véritable est celui des émotions universelles, et que les êtres humains, dans le fond, en dépit des différences culturelles, demeurent tous très semblables, que son propos n'a pas les frontières qu'on dresse devant lui. La réalité est autre cependant, et le cheminement d'un livre vers ses lecteurs est devenu si complexe qu'en dehors des hiérarchies d'éditeurs, des affrontements civilisés entre les littératures nationales, dans un monde où le principe néolibéral de domination du plus riche semble tellement bien accepté, peut-être devrait-il accueillir comme un miracle et un doux mystère le fait qu'un homme ou qu'une femme d'un pays étranger, peu importe lequel, se penche un jour sur un de ses livres, par une interminable suite de hasards, et aime cet écho lointain, cette voix d'un être si distant, d'un si petit pays, s'exprimant même parfois dans une langue rare, qui le touche avec une puissante immédiateté, au-delà de toutes les barrières.

L'HYDRE DE LERNE

La course à la connaissance entraîne forcément celui qui l'entreprend vers la défaite. Il est devenu un cliché de dire que les plus grands savants se prétendent ignorants – cliché qui n'en est pas tout à fait un tant il exprime une vérité profonde ; le fait d'avoir passé sa vie à essayer d'en apprendre toujours plus ne permet en vérité que de prendre la mesure de tout ce qu'on ignorera toujours. Tous les jours, à mon grand désespoir, je suis confronté à ma propre ignorance : je découvre des gens qui en savent beaucoup plus que moi sur des sujets que je crois pourtant maîtriser, j'apprends des vérités nouvelles que j'aurais dû savoir depuis longtemps, je suis pris en flagrant délit de ne pas connaître une réalité pourtant élémentaire, je me trouve incapable de répondre à des questions que l'on me pose. Pourtant, je passe des heures et des heures à lire, j'essaie de rester constamment éveillé, d'alimenter sans cesse mon savoir, de diversifier mes sources et mes champs de connaissance, de recommencer à perpétuité mes apprentissages. Rien n'y fait. Le savoir est un monstre à plusieurs têtes qui ressemble à l'hydre de Lerne, ce serpent au corps de chien combattu par Héraclès : lorsqu'on croit avoir abattu une tête, avoir exploré avec beaucoup de bonne foi un champ de la connaissance (parfois minime), apparaissent deux nouvelles têtes, des domaines à découvrir dont on ne soupçonnait pas l'existence, ce qui nous donne l'impression qu'on a reculé plutôt qu'avancé dans notre quête du savoir.

Ce qui explique aussi l'amertume du savant Faust à la fin de sa vie, lui qui avait appris tant de choses, qui avait consacré son existence à la connaissance, mais qui s'est trouvé totalement dépourvu, parce que les connaissances glissent comme le sable entre les doigts, et que celles qu'on parvient à accumuler paraissent tellement dérisoires face à toutes celles qui nous échappent qu'on a l'impression de n'avoir conservé qu'un bien sans importance. Son désespoir est d'autant plus grand que tout ce temps consacré à apprendre ne lui a pas permis d'acquérir puissance, richesse et gloire. D'où sa complainte :

> Philosophie, hélas ! jurisprudence, médecine, et toi aussi, triste théologie !... je vous ai donc étudiées à fond avec ardeur et patience : et maintenant me voici là, pauvre fou, tout aussi sage que devant. Je m'intitule, il est vrai, Maître, Docteur, et, depuis dix ans, je promène ça et là mes élèves par le nez. – Et je vois bien que nous ne pouvons rien connaître !... Voilà que me brûle le sang ! J'en sais plus, il est vrai, que tout ce qu'il y a de sots, de docteurs, de maîtres, d'écrivains et de moines au monde ! Ni scrupule ni doute ne me tourmente plus !

> Je ne crains du diable, ni de l'enfer ; mais aussi
> toute joie m'est enlevée. Je ne crois pas savoir
> rien de bon en effet, ni pouvoir enseigner aux
> hommes pour les améliorer et les convertir.[96]

L'immensité du savoir de Faust n'a d'égale que celle de son ignorance dont il peut mieux que personne mesurer l'ampleur. À la toute fin de ses *Essais*, dans son texte-bilan intitulé « De l'expérience », Montaigne, mûri et presque sage, arrive à une conclusion semblable, quoique moins pessimiste : « [...] mon apprentissage n'a autre fruict que de me faire sentir combien il me reste à apprendre. »[97] Lui et Faust ont bel et bien perdu la course, et si leur histoire reste riche en enseignements, elle fait part d'abord et avant tout, comme dans beaucoup d'œuvres qui présentent des personnages possédés par le désir de connaître, des limites de l'expérience humaine, de l'angoisse – mais aussi du contentement d'avoir accompli son devoir – devant une humaine condition qui ne permet jamais aux êtres de vivre pleinement satisfaits. L'expérience de Faust et de Montaigne ne cesse pas d'être pertinente aujourd'hui, alors que les progrès de la science ont été tellement considérables, alors qu'on a répondu à plusieurs questions qui intriguaient les savants d'autrefois, mais alors que la multiplication des savoirs et des sources d'information devient telle qu'on éprouve inévitablement devant tout cela une sensation de vertige. Si la quête de la connaissance paraît à ce point ingrate et éprouvante pour celui qui l'accomplit, on se demande pourquoi elle nous préoccupe tant.

On cherche bien sûr à connaître pour d'innombrables raisons, forcément très variées. D'abord et avant tout, pour survivre, tout simplement. Mais aussi, par plaisir, pour l'immense satisfaction que l'on ressent à voir notre curiosité satisfaite. Par devoir de citoyen, par amour pour l'humanité, pour rendre hommage aux découvertes de nos contemporains et de ceux qui nous ont précédés, par sensibilité envers l'art et la science. Pour comprendre sa place dans l'histoire de l'humanité. Pour s'enrichir, pour devenir un spécialiste grassement rémunéré. Par orgueil, pour connaître le plaisir narcissique d'être admiré, d'épater ses semblables. Pour dominer les autres, grâce à des connaissances spécifiques (mais il ne faut pas *trop* savoir : passer trop de temps à s'instruire empêche d'intriguer, de se consacrer à l'action, de se confronter aux autres – voilà pourquoi Faust se plaignait que son savoir ne lui avait donné nulle « domination sur le monde »). L'écrivain veut savoir pour les mêmes raisons. Mais en plus, comme nous l'avons vu à plusieurs reprises, il poursuit le but ultime de nourrir son œuvre de ce qu'il apprend.

Ce parcours vers la connaissance n'intéresse pas tout le monde, et je suis toujours sidéré par des gens de plus en plus nombreux qui restent fiers de leur ignorance – ou qui vont jusqu'à ignorer leur ignorance –, qui éprouvent une béate satisfaction à mariner dans un vide culturel sidérant, encouragés par des médias de masse omnipotents, qui leur offrent des plaisirs faciles, complaisants, les renforçant constamment dans leur médiocrité, pour le plus grand bien d'une classe d'affaires qui profite à plein de l'indifférence collective.

Si plusieurs écrivains demeurent complices de la culture rentable de pur divertissement, d'autres s'interrogent sur les obstacles qui les empêchent de gravir quelques échelons de plus dans leur quête d'un savoir dont ils savent qu'il leur échappera constamment. Tant de choses éloignent de la connaissance aussi bien l'ensemble des humains que ceux d'entre eux qui exercent le métier d'écrivain : le travail d'abord, qui enchaîne à des tâches souvent prenantes et répétitives (très peu d'écrivains vivant de leurs droits d'auteur) ; la vie de famille, les obligations envers les enfants et les proches ; le goût de la fête, du plaisir, parfois de la débauche ; la paresse ; les défaillances humaines, la mémoire qui oublie, la fatigue, le découragement, la dépression ; le détournement intellectuel vers des objets de connaissance qui ne méritent pas vraiment d'attention. Pour l'écrivain, l'écriture comme telle devient un obstacle supplémentaire qui empêche de connaître. Même si l'élaboration d'un texte permet le plus souvent d'organiser la quête des connaissances, de la structurer, de lui donner une fin précise, il n'en reste pas moins que le temps consacré à écrire, ces heures et ces heures de plaisir et de douleur, à inventer, à peaufiner les phrases, à reprendre sans cesse les mêmes passages, sont perdues pour ceux qui rêvent de consacrer au savoir une dévotion monastique.

J'ai écrit une nouvelle dans laquelle j'ai imaginé la vie d'un homme qui obtient d'une mécène un salaire afin de pouvoir consacrer sa vie entière à lire et à apprendre, sans qu'il n'ait à rédiger une seule ligne pour rendre compte de son savoir[98]. Certains lecteurs m'ont dit que j'avais décrit une existence idéale, qu'ils rêvaient de connaître un sort semblable. Une pareille vie ne plairait pas, bien sûr, à quelqu'un qui désire écrire. J'imagine que beaucoup d'écrivains aimeraient eux aussi cette vie hypothétique si leur pulsion d'écrire n'était pas au moins aussi forte que leur envie de connaître.

Lire et écrire. Ces deux activités vitales aux auteurs se combattent, en dépit de la satisfaction que l'on éprouve à les accomplir l'une et l'autre. Il est toujours difficile pour un auteur de savoir à quel moment cesser de lire et commencer l'écriture ; plusieurs se perdent dans une recherche sans fin, retardent l'échéance de la rédaction, se trouvent confrontés à l'hydre de Lerne et en viennent à croire que s'ils étaient vraiment méticuleux, leur recherche ne s'arrêterait jamais. Ils doivent alors se résigner, se lancer, commencer à écrire les premières lignes, puis rédiger le livre au complet, puisque cela est pour eux nécessaire. Parfois, pour les besoins de la cause, ils trahissent volontairement leurs recherches. Le plus souvent, ils s'appliquent sagement à alimenter leurs propos de cette dose de réalité inspirée par leur savoir.

Ils livrent alors au lecteur leur œuvre imparfaite, qui ne couvre jamais tout, malgré les ambitions énormes de certains auteurs, une œuvre remplie d'un savoir parfois très maîtrisé, parfois moins, plus ou moins prépondérant, une œuvre qui donne l'occasion à un public malin de relever les erreurs, les oublis et les choix discutables, qui exprime toute l'imperfection humaine, une œuvre dans laquelle on retrouve, parfois en même temps, avec une fascination toujours renouvelée, le reflet de nos maladresses, un savoir très concret, digne d'une recherche consciencieuse et bien exécutée, et surtout, quand le livre est vraiment réussi, une connaissance réelle des êtres dans leurs limites, leur complexité, leur perplexité.

Notes

LA POLOGNE DES ÉCRIVAINS

[1] James A. Mitchener, *Pologne*, Paris, Seuil, 681 p.
[2] Michel Tournier, *Le vent Paraclet*, Paris, Folio, 1979, p. 111.
[3] Ibid, p. 140.
[4] Alfred Jarry, *Tout Ubu*, Paris, Le Livre de Poche, p. 21.
[5] René Descartes, *Discours de la méthode*, Paris, Garnier-Flammarion, 1966, p. 59.

LE PARADOXE

[6] Rimbaud, Arthur, *Œuvres poétiques*, Paris, GF, 1964, p. 130.
[7] Jean Genet, *Notre-Dame-des-Fleurs*, Paris, Folio, 1976, p. 204.
[8] Jean Genet, *Journal du voleur*, Paris, Folio, 1982, p. 20.
[9] Edmund White, *Jean Genet*, Paris, Gallimard, 1993, p. 125.

L'IMPOSSIBLE APPRENTISSAGE

[10] John Saul, *Les bâtards de Voltaire*, Paris, Essais Payot, 1993, p. 591.
[11] Lorrie Moore, *Des histoires pour rien*, Paris, Éditions Rivages, 1989, p. 143.
[12] Delta Book, Dell Publishing Co., New York, 1979, 142 p.
[13] Michel Chion, *Écrire un scénario*, Paris, Cahiers du cinéma/I.N.A., 1985, p. 212.

LA TENTATION DE L'ÉRUDITION

[14] Laure Adler, *Marguerite Duras*, Paris, Gallimard, 1998.

[15] Dans *Pantagruel*, chapitre 8.

[16] *Ibid.*

[17] Lettre à Jules Duplan, 26 juillet 1857.

[18] Lettre à Adèle Perrot, 17 octobre 1872.

[19] Borges, *Fictions*, Paris, Folio, 1984, p. 75.

[20] *Ibid*, p. 77

[21] *Ibid*, p. 78.

L'IMPOSTEUR ET LE SPÉCIALISTE

[22] Henrik Ibsen, *Hedda Gabler*, acte II, Paris, 10/18, 1963, p. 82.

[23] *Ibid*, p. 83.

[24] *Ibid*, p. 84.

[25] Émile Zola, *Le roman expérimental*, Paris, Garnier-Flammarion, 1971, p. 152.

[26] Stefan Zweig, *Le monde d'hier, souvenirs d'un Européen*, Paris, Belfond, 1973, p. 393.

[27] Constantin Stanislavski, *La formation de l'acteur*, Paris, PBP, 1982, p. 179.

[28] *Ibid*, p. 61.

[29] *Ibid*, p. 137.

[30] Voltaire, *Romans et contes*, Paris, Garnier-Flammarion, 1966, p. 145-147.

[31] *Ibid*, p.147.

[32] *Ibid*, p.145.

[33] *Ibid*, p.147.

[34] *Encyclopédie ou dictionnaire raisonné des sciences, des arts et des métiers*, publié sous la direction de Denis Diderot, présenté par Jeanne Charpentier et Michel Charpentier, Pairs, Bordas, 1967, p. 143, 145, 146.

[35] Cité par Renée Bouveresse-Quillot, dans *L'empirisme anglais*, Presses universitaires de France, coll. « Que sais-je ? », n° 3233, 1997, p. 19.

[36] Friedrich Nietzsche, *Par-delà bien et mal*, Paris, Gallimard, coll. « Idées », 1971, p. 18.

[37] Lou Andréas Salomé, *Frédéric Nietzsche*, Paris, Grasset, 1932, p. 181.

[38] *Ibid*, p. 187.

[39] *Ibid*, p. 195.

LE MENSONGE QUI DIT LA VÉRITÉ

[40] Oscar Wilde, *Le déclin du mensonge*, Paris, Éditions Complexe, coll. « Le regard littéraire », 1986, p. 46.

[41] Oscar Wilde, *Le portrait de Dorian Gray*, Paris, Le Livre de Poche, 1983, p. 39.

[42] Corneille, *L'illusion comique*, acte 5, scène 5.

[43] *Les faux-monnayeurs* est une œuvre nettement plus élaborée que *Paludes*. Mais ce roman entretient peut-être moins bien cette confusion entre le vrai et le faux. Peut-être parce que la narration est à la troisième personne et que le personnage d'Édouard, l'auteur en train d'écrire *Les faux-monnayeurs*, n'est que l'un des nombreux protagonistes du roman. L'illusion se perd dans un récit complexe qui épouse à mon avis davantage les formes traditionnelles du roman (tout en demeurant très innovateur).

[44] André Gide, *Paludes*, Paris, Folio, 2002, p. 88.

[45] Dans *Six personnages en quête d'auteur*, *Chacun sa vérité* et *Ce soir, on improvise*.

[46] Michel Tremblay, *Le vrai monde ?*, Montréal, Leméac, 1989, p. 46.

[47] Stefan Zweig, *Le monde d'hier, souvenirs d'un européen*, Paris, Belfond, 1993, p. 9.

[48] Montaigne, *Essais* I, « Des menteurs », Paris, Garnier-Flammarion, 1969, p. 73.

[49] Montaigne, *Essais* II, « Des livres », Paris, Éditions Fernand Roche, 1931, p. 110.

[50] Montaigne, *Essais* III, « De l'experience », Paris, Garnier-Flammarion, 1969, p. 280.

[51] Jean-Jacques Rousseau, *Confessions*, Paris, Le Livre de Poche, 1965, p. 21.

LA LECTURE CONDAMNÉE

[52] Cité par William L. Shirer dans *Le troisième Reich*, Paris, Le Livre de Poche, 1970, p. 318.

[53] Goethe, *Faust*, Paris, Garnier-Flammarion, 1964, p. 47.

[54] Platon, *La République*, Livre III, Paris, Garnier-Flammarion, 1966, p. 138.

[55] *Ibid.*

[56] *Ibid.*

[57] Cervantes, *Don Quichotte*, Paris, Le Livre de Poche, 1966, p. 47.

[58] Jean-Jacques Rousseau, *Émile*, Paris, Garnier-Flammarion, 1966, p. 143, 204, 238, 396 et 401.

[59] *Ibid*, p. 140-141.

[60] Jean-Jacques Rousseau, *Lettre à d'Alembert sur les spectacles*, Paris, Folio, 1992, p. 287.

[61] *Ibid*, p. 165-166.

[62] On ne sait pas si Eschenbach était bel et bien illettré, s'il a écrit lui-même son livre ou s'il a fait appel à des scribes. Mais il est sûr que son roman, daté du 13ᵉ siècle, s'inspire largement d'un vaste répertoire littéraire (dont fait partie, bien sûr, son modèle, *Perceval le Gallois* de Chrétien de Troyes).

[63] Stendhal, *Le rouge et le noir*, Paris, Garnier-Flammarion, 1964, p. 49.

[64] Mario Vargas Llosa, *Le Nouvel Observateur*, 5 mai 1980.

[65] Jean-Paul Sartre, *La nausée*, Paris, Le Livre de Poche, 1963, p. 49.

ÉCRITURE, CONNAISSANCE ET ENGAGEMENT

[66] Pierre Lepape, *Voltaire le conquérant*, Paris, Seuil, 1994, p. 303.

[67] Cité dans Frederick Brown, *Zola, une vie*, Paris, Belfond, 1996, p. 809.

[68] Jean-Paul Sartre, *Qu'est-ce que la littérature ?*, Paris, Gallimard, coll. « Idées », 1964, p. 30.

[69] Il existe même un phénomène récent très curieux. On implique certains comédiens qui ont joué le rôle d'une personnalité célèbre au sein d'une série télévisée biographique dans des causes associées à ce héros qu'ils ont incarné. On se complaît ainsi

à entretenir la confusion : le comédien continue à jouer dans la réalité, pour le plaisir de tous, le héros qu'il n'est pas et dont il ne pourra reproduire ni la complexité ni la puissante immédiateté du discours.

[70] Noam Chomsky, Robert W. McChesney, *Propagande, médias et démocratie*, Montréal, Éditions Écosociété, 2000, p. 26.

[71] John Saul, *ibid*, p. 13.

[72] ALENA : zone de libre-échange entre le Canada, les USA et le Mexique. AGCS : Accord général sur le commerce des services, accord visant à ce que les États soumettent progressivement tous les services aux lois de la concurrence.

[73] Joseph E. Stiglitz, *La grande désillusion*, Paris, Fayard, 2002, p. 294.

[74] Mario Vargas Llosa, *Le poisson dans l'eau*, Paris, Gallimard, 1995, p. 48.

[75] Dans son livre *La mondialisation de la pauvreté* (Montréal, Éditions Écosociété, 1998), Michel Chossudovski a bien montré les effets désastreux de cette libération des marchés sur la population péruvienne.

[76] *Ibid*, p. 503.

LE CAS DU ROMAN HISTORIQUE

[77] Georges Lukacs, *Le roman historique*, Éditions Payot, 1972, p. 17.

[78] *Ibid*, p. 23.

[79] En fait, Verdi s'est inspiré pour *La Traviata* d'une pièce dont l'action était contemporaine, *La dame aux camélias* d'Alexandre Dumas fils. Mais pour rendre acceptable cette histoire soi-disant sulfureuse d'un bourgeois qui tombe amoureux d'une courtisane, on transposait l'action à l'époque libertine et déjà lointaine du 18e siècle français.

[80] Marguerite Yourcenar, *L'œuvre au noir*, Paris, Folio, 1976, p. 455.

[81] *Ibid*, p. 380.

[82] *Ibid*, p. 414.

[83] *Ibid*, p. 419.

[84] Umberto Eco, *Apostille au Nom de la rose*, Paris, Le Livre de Poche, coll. « Biblio essai », 1985, p. 20.

[85] Umberto Eco, *Le nom de la rose*, Paris, Le Livre de Poche, 1982, p. 24.

[86] Voir la note 19.

[87] *Apostille au Nom de la rose*, p. 31-32.

[88] Bertolt Brecht, *Petit organon pour le théâtre*, Paris, L'Arche, 1978, p. 57.

LA PAROLE DES PETITES NATIONS

[89] Christian Rioux, *Voyage à l'intérieur des petites nations*, Montréal, Éditions du Boréal, 2000, p. 177 et 65.

[90] Alain Finkielkraut, *Comment peut-on être croate ?*, Paris, Gallimard, 1992, p. 75.

[91] Roland Barthes, *Mythologies*, Paris, Seuil, coll. « Points », 1957, p. 122.

[92] Chiffre avancé par l'Association nationale des éditeurs de livres.

[93] Philippe Haeck, *Naissances. De la littérature québécoise*, Montréal, Vlb éditeur, 1979, p. 290-291.

[94] Gérard Bessette, *Le semestre*, Montréal, Québec/Amérique, 1979, p. 213 et 178.

[95] Montesquieu, *Lettres persanes*, Paris, Classiques français, 1993, p. 50.

L'HYDRE DE LERNE

[96] Goethe, *Faust*, Paris, Garnier-Flammarion, 1964, p. 47.

[97] Montaigne, *Essais* III, Paris, Garnier-Flammarion, 1979, p. 286.

[98] Dans *L'eunuque à la voix d'or*, Montréal, Triptyque, 1997.

TABLE

AGMV Marquis

MEMBRE DE SCABRINI MEDIA

Québec, Canada
2003